はじめに

弊社刊行の月刊専門料理別冊『日本料理の四季』は、二〇一二年の43号をもちまして28年間にわたる歴史を閉じ、一区切りとさせていただきました。この単行本シリーズは、その流れを受け継ぐ形で、新たに始められたものです。日本料理の四季では月刊専門料理に掲載された日本料理記事を再録・編集していたために、ある程度のクラスの料理人を読者対象としてきましたが、この本ではすべて新規取材である強みを生かし、もう少し基礎に立ち帰った内容としています。献立の各項目と、基礎調味料という2本建ての構成にし、雑誌のようなスタイルでいろいろな情報を盛り込みまして、新人はもちろん、ベテラン料理長にとっても有意義な本となることをめざしています。本書は「刺身と醤油」「焼物と塩」に続く第三弾。なお、以前「先付と日本酒」の巻を予告しておりましたが、先付の本は当シリーズとは別の形での発刊を目指すことになりました。どうかご了承ください。

日本料理の四季編集部

目次

本書を使うにあたって

作り方はおもに調理手順であって、グラム数などの分量は一部の料理しか示しておりません。配合の割合、加熱温度、時間なども材料や道具によって変わりますのであくまでも目安です。素材や好みに応じて調整してください。

「だし」と表記したものは煮物用のだしを示しています。作り方は担当者によって異なります。

後村氏：一番だしを引いたあとのカツオ節に、さし昆布、追いガツオをして30分間煮た二番だし。

橋本氏：昆布を水だしして火にかけ、沸騰直前で引き上げ、血合い入りのカツオ節を加える。4～5分間ことこと煮て、アクを取り、布ごしする。

結野氏：昆布を水だしして火にかけ、沸騰直前で引き上げ、血合い入りのカツオ節を加える。20～30分間ことこと煮て、アクを取り、布ごしする。

撮影／越田悟全　8～9、76～79
高島不二男　6～7、10～74、80

カバー協力／和光菴
装丁・デザイン／田島浩行
取材・編集／高松幸治　藤生久夫

煮物の章

家庭の煮物とプロの作る煮物の大きな違いは、味もさることながら美しさにもある。時には素材の色や切り整えた形を生かしつつ、細心の注意をもって煮上げるテクニックが求められることも。ここでは下ゆでなどの下処理も含めて、煮物作りのポイントのいくつかを実例から解説するとともに、素材のジャンル別に各種煮物の秀作を紹介。また鍋やたわしといった厨房ではお馴染みの道具についても解説する。

鍋図鑑

協力／㈱中尾アルミ製作所

鍋は形の違いだけではなく、厚みや材質、加工方法で違いがあるのはご存知だろうか。料理人にとってもっともなじみ深い道具なだけに、なおざりにされがちな鍋に関する知識をまとめた。

鍋の性格を大きく左右するのは、まず第一に材質だ。上の表からもわかるように、ステンレスはさびにくいが、熱が非常に伝わりにくく、一度熱くなったら今度はなかなか冷めてくれないため焦げつきやすい。かたや銅は熱しやすいが、非常に重く、高価である。

アルミニウムは熱伝導率も重さもほどほどで使いやすいが、腐食しやすいという欠点がある。それを防ぐために表面を加工してアルマイトの皮膜に変える方法がとられる。アルミ製の鍋が自然に黒ずむのも酸化して表面がアルマイトに覆われたからだが、製品のアルマイトは薬品などで加工するため、いろいろな色がある。家庭用の金色の鍋ややかんはシュウ酸で、銀色のバットはホウ酸でアルマイト加工されたものだ。ただしアルマイトは表面をおおっているだけなので、スチールタワシや研磨剤で磨くと傷がついて地のアルミニウムが露出してしまうので気をつけたい。

アルミウムの鍋の場合、鉄やステンレスよりも柔らかくてゆがみやすいという欠点もあるが、それを補うのが叩きながら整形する打ち出し加工である。ろくろで陶器を作るのと同じように、板を回転させながらへらをあてて曲げて鍋の形に加工するへら絞りと呼ばれる方法や、型に押しあてて鍋の形にするプレス加工よりも、打ち出し加工のほうが、金属が締まって強度が倍くらいになる。

いっぽう鉄やステンレスも、電磁調理器に対応することから、再び脚光をあびている。ただし、ステンレスにも種類があり、クロムの割合が多くなれば固さもさびにくさも増すが、電磁調理の効率が落ちるので、電磁調理用の鍋には18－8と呼ばれるニッケル18％・クロム8％を合わせたステンレスよりも、クロムを含まない安価な18－0のステンレスが、多く用いられる。

なお鍋のよしあしは、原料にも左右され、精製や圧延の技術が低い金属板で作れば、腐食や穴開きが早くなる。国産の鍋が世界で高く評価されているのは、そうした点も含めて、丁寧に作られているからにほかならない。

熱伝導率と特徴

材 質	熱伝導率 (W/MK)	重 さ (kg/㎥)	長所	短所
銅	401	8933	熱伝導性が良い	重い、手入れが大変、高価 酸・アルカリに弱い
アルミ	237	2770	熱伝導性が良い・軽い・ 手入れがしやすい	酸・アルカリに弱い
鉄	80	7870	油なじみが良い・ 高熱に強い・頑丈	さびやすい・重い
ステンレス	15	7900	酸・アルカリ性に強い （保存に向いている） 手入れがしやすい	熱の伝わりがにぶい

親子鍋

卵でとじる料理に使われる特殊な鍋。むらして半熟に固めるため、浅いながらも蓋がつく。

雪平鍋

代表的な片手鍋。下はステンレス製で上がアルミニウム製。写真のステンレス製が輝いているのは研磨仕上げのためで、材質の違いのせいではない。

料理鍋

両手鍋のため、全体に大きめ。途中で段差がついており、そこに蓋が納まる。

やっとこ鍋

柄がついておらず、やっとこで挟んで持ち上げる。一回りずつ小さいものを揃えると重ねられるので収納に便利。

玉子焼き鍋

焦げやすい玉子焼き用は、熱伝導のよい銅製が好まれる。厚焼きを作る関東では正方形、だし巻きを作る関西では長方形と形に違いがある。

しゃぶしゃぶ用鍋

炎を出さないため暑くならず、火災の心配がないのがIHの利点。そのため客前での調理用の鍋にもIH対応が登場している。

IH対応の鍋

電磁（IH）調理器は渦電流を流し、電気抵抗で鍋底を発熱させる仕組み。電流のあたる面が発熱するので、電磁調理対応の鍋の底は熱でゆがまず、膨張しても平らを保つよう配慮されている。最近はオールメタル対応を謳う電磁調理器もあるが、基本的に電気抵抗の大きい鉄やステンレス製の鍋のほうが熱効率がよい。

土鍋

鍋の底に電流で発熱するカーボンの板がはりつけてある。

束子《たわし》ができるまで

協力／髙田耕造商店（和歌山県海南市）

鍋を洗うのに使うタワシは、スチール製やナイロン製もあるが、昔ながらの天然素材のタワシは当りが柔らかくて手になじみがよい。現在はパームヤシ製や中国産のシュロから作られたものがほとんどだが、ここでは和歌山県に唯一残る国産シュロから作られるタワシの製造現場をレポートしよう。

髙田耕造商店はかつてシュロの樹皮を用いた生活雑貨の生産が盛んだった和歌山県のメーカー。大小のタワシのほか、柄のついたボディブラシやストラップなど、新商品も開発してきた。

二代目の髙田英生氏と息子の大輔氏一家。５年以上かけて地元でシュロの生産者を探し、かつての作り方によるタワシの生産を手がけてきた。

毛さばき機に、網状のシュロの樹皮を２枚重ねにして先端から入れて半分をさばく。前後を持ち替え、残りの半分をさばくと、長くてまっすぐな状態になる（工程②）。

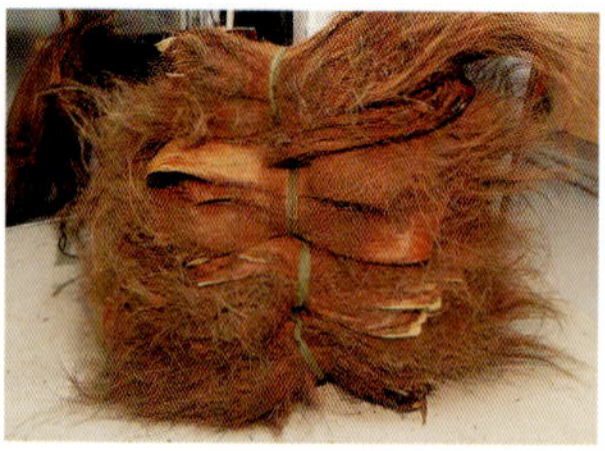

生産者から厳選された原料のシュロが、１束100枚ずつ搬入される。国産のシュロは中国産よりも色が明るく、繊維が細くてしなやか。

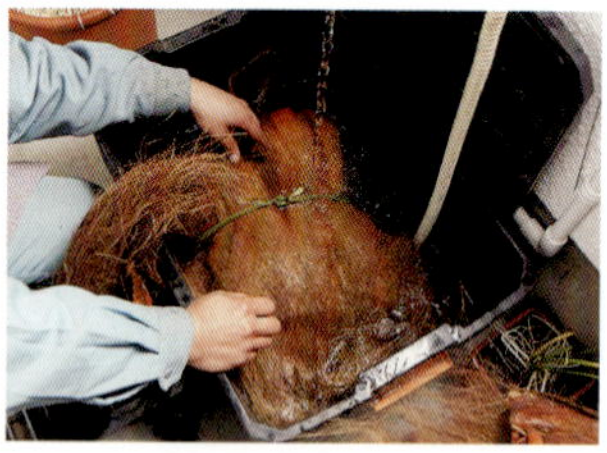

束ねたまま１日水に浸けて水分を含ませ、繊維をほぐれやすくする（工程①）。

毛さばき機。12本の鉄針を付けた板24枚が輪状に取り付けてあり、モーターで回転させて樹皮をさばく。吹き飛ばされた短い繊維は、シュロ縄などの原料になる。

さばいたシュロを専用のカッターで均一な長さに裁断する（工程④）。

棒状になったタワシ。右が刈り込む前で、左が刈り込み後。

散髪機と呼ばれる機械にかけて、不揃いな毛先を刈り込んできれいに揃える（工程⑥）。

タワシ巻き機で繊維を巻いて棒状にする（工程⑤）。まず針金をU字に折り曲げてセットし、間に裁断したシュロを挟む。

機械でさばいた繊維は充分にほぐれていないため、指先で丹念にほぐす。均一な状態にしないと、ムラができてしまう。

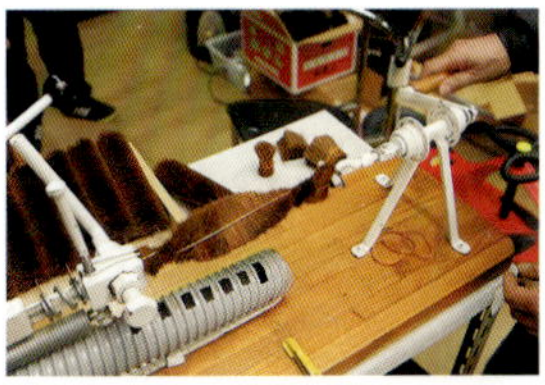

挟み終えたらハンドルを回転させると、次第に棒状になる。

巻きが強すぎれば繊維が針金に負けて切れてしまい、甘ければ繊維が針金の間から抜け落ちてしまう。

棒タワシを二つに折り曲げ、シュロの縄をぐるりとまきつけて、針金をしっかりと固定する（工程7）。

タワシ作りの工程

① 水に浸ける ⋯▶ ② さばく ⋯▶ ③ 水洗い ⋯▶ ④ 裁断 ⋯▶ ⑤ 巻く ⋯▶ ⑥ 刈り込む ⋯▶ ⑦ 形成 ⋯▶ ⑧ 仕上げ

① 水に浸ける
シュロの樹皮を一日水に浸け、水分を含ませて繊維をほぐれやすくする。

② さばく
網状の樹皮を毛さばき機にかけてさばき、まっすぐな長い状態にしてから束ねる。束ねた状態を「太市《たいし》」という。

③ 水洗い
汚れや樹粉を落とす。

④ 裁断
作るタワシの大きさに合わせて一定の長さに裁断する。

⑤ 巻く
針金をU字に折り曲げて、間に裁断したシュロを挟む。ハンドルを回転させて針金をねじり、棒状にする。

⑥ 刈り込む
散髪機で毛並みを切り揃える。

⑦ 形成
棒状のタワシを二つに折り曲げる。片方の針金の先端に縄を通し、そのまま中央に沿ってぐるりと巻きつけ、もう一方の針金に通して止める。針金をねじって固定する。

⑧ 仕上げ
毛先をハサミで切り整えたのち、天日で自然乾燥させる。

野菜のむき方

和光菴 結野安雄

野菜を美しく整形する包丁技は、煮物においても大活躍。花や物の形をかたどった野菜は、複数の煮物を盛り合わせる際のアクセントに用いたり、季節感を演出するのに役立つ。ここでは煮物でよく使われる野菜のむき方3例を紹介する。

牡丹百合根

鱗片がいくつも重なりあったユリ根の形を生かして、ボタンの花のように美しくむく。鱗片を外側から切りはずしていくが、コツは内周に近づくにつれて、やや斜めに切りはずすこと。重なり合った形が強調される。

色の部分を切り取る

1 ユリ根の根元を、むき物包丁で切り取る。

2 外側の鱗片から順に、付け根を半分ほど残して切りはずしていく（イラスト黄の部分）。

3 続いてその内側の鱗片を段差がつくように切りはずす（イラスト青の部分）。

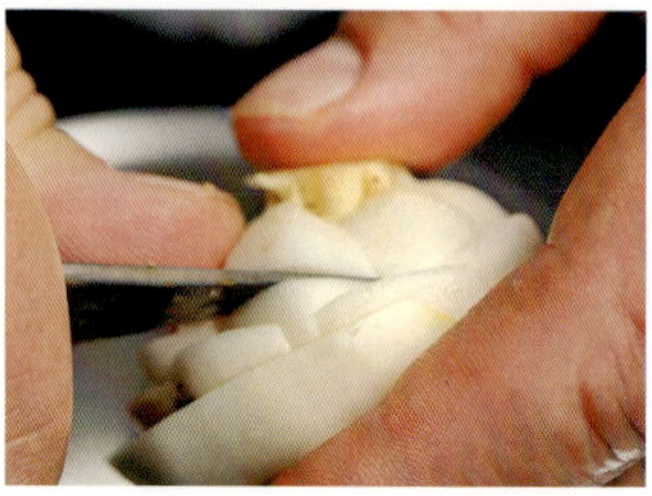

4 真横に切るのではなく、包丁をやや斜めに傾けて内側に向かって傾くように切りはずすとよい。

5 中央にむけてすべての鱗片を切りはずす（イラスト赤の部分）。

6 中央に残った茎の部分を切り落とす。

7 むき終わったユリ根。

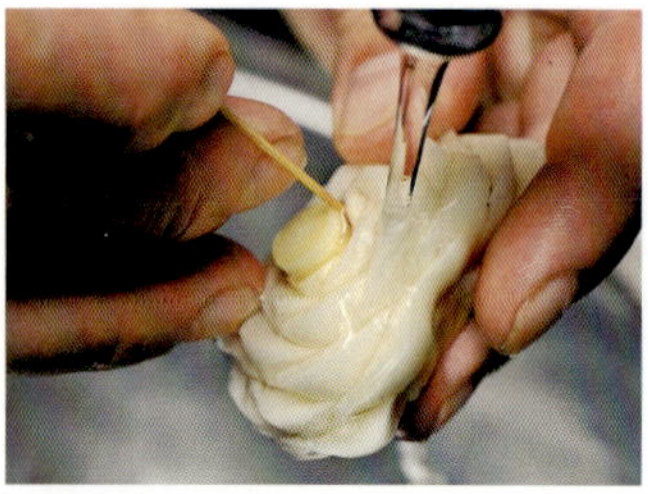

8 隙間に砂をかんでいることがあるので、流水を当てながら、先を尖らせた竹串で洗う。

梅人参

正月のおせちにも欠かせない、梅の形にむいた人参。スクリューのように花びらを傾けてむくので「ねじ梅」とも呼ぶ。ニンジンは応用として桜の花形にすることもある。

1　梅の花形の筒抜きでニンジンを打ち抜く（包丁でむいて整形してもよい）。

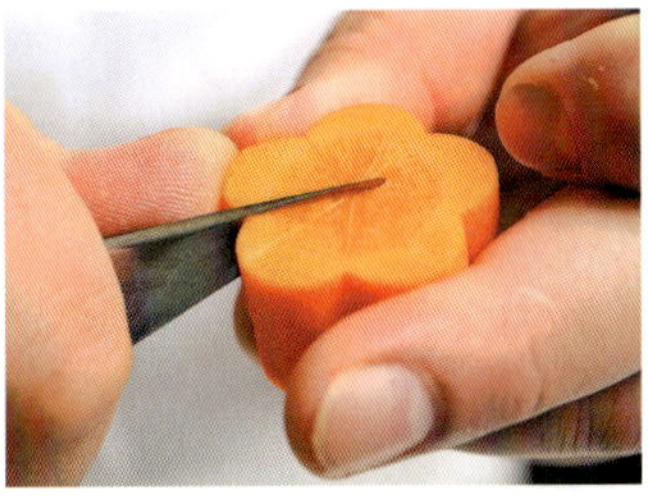

2　花びらと花びらの境に、芯にむかって5mmほどの深さの切り目を入れる。

3　全部で5本放射状に切り目を入れたら、ここから斜めに花びらを切り落としていく。

4　むき終わったニンジン。芯を丸くむき残しておしべを表現するむき方もある。

菊花蕪

丸い小カブに切り込みを入れて、菊の花の形を表現する。切り込みを細かく入れるほど複雑な形になるが、彫刻刀で削り出す方法もある。

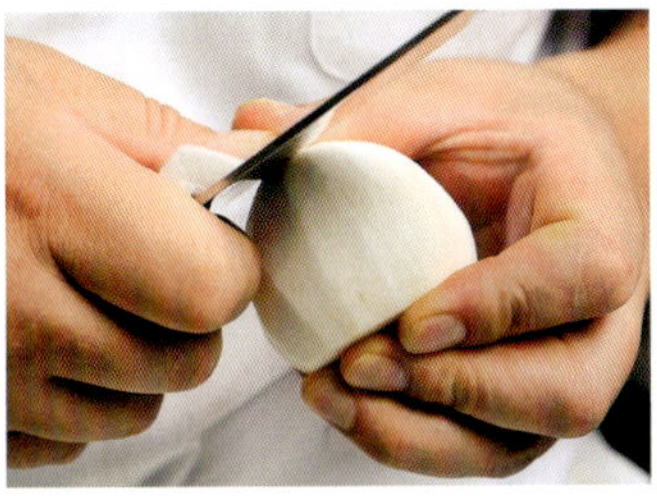

1　小カブの軸を切り落とし、そこから先端にむけて皮をむきとりながら、ドーム形に整形する。

2　ドームの頂点に十字に切り込みを入れる（イラスト緑の部分）。まっすぐに切り目を入れるのではなく、両側からV字に包丁を入れて切りはずす。

3　十字の切り込みの間に、さらに切り込みを4本入れる（イラスト赤の部分）。

4　2の十字の切り込みのすぐ下に続くように、さらに切り込みを入れる（イラスト青の部分）。

5　3の切り込みと4の切り込みの間に切り込みを入れる（イラスト黄の部分）。

6　5の切り込みの間にさらに切り込みを入れる（イラスト茶の部分）。

7　横から見たところ。

基礎編①

各種煮物を整理する

鍋で素材を煮て柔らかくし、味をつける「煮物」は調理の基本。効果的に調理するために、下ゆでしたり、炒めたりと下処理を行なった上で煮ることも多く行なわれる。ここではいくつか代表的な料理を取り上げて、その狙いとポイントを明らかにする。

直煮する

調味料を加えた液体で素材を煮る、単純かつ基本の方法

蚕豆艶煮《そらまめつやに》

調理 結野安雄

あらかじめ塩をふって発色しやすく。冷やす間に透明感ある緑色に変わる。

蚕豆艶煮

ソラマメを薄蜜で煮て、色がとばないように急冷するときれいな艶のある緑色になる。火が充分に通っていないときれいに発色しないが、煮すぎて崩れてしまわないよう、加減がむずかしい。

1 皮をむいたソラマメの豆に、霧をふいて湿らせたのち、やや多めに塩をふる。10分ほどおいてなじませる。

2 薄蜜（水1合に砂糖50g）を鍋で沸かし、火を弱めたところでソラマメを入れる。途中で箸で裏返し、均等に火が入るようにする。

3 鍋ごと氷水に浸けて急冷する。冷める間に透明感のある濃い緑色に変わってくる。

佃煮ほどは煮詰めずに、
通り雨のようにさっと煮染める煮物

浅利時雨煮

時雨煮はショウガを入れてさっと煮る煮物のこと。アサリは加熱して殻を開かせてからむき身にすると楽だが、一度火が入ると味が染み込みにくくなり、加熱時間が長くなって固くなりがち。酒塩でさっと下ゆでする場合は、濃いめの地で炊くようにする。また冷凍のむき身を使う場合は、加熱時間が長くなると臭いが出てくるので、酒を沸かしてから加える。

浅利時雨煮《あさりしぐれに》

調理 橋本 亨

1 生のアサリの殻を開き、むき身にする。

2 鍋に酒を張り、アサリのむき身を入れる。

3 ショウガのみじん切りを加える。

4 赤酒、濃口醤油、たまり醤油で調味する。

5 煮汁の量はあさりがひたひたになるくらい。

6 加熱して、浮いてきたアクをすくう。

7 小さな泡が出続けるくらいの火加減で、煮汁が半分くらいになるまで煮詰める。

ニシンを湯で柔らかく煮たのち調味料、ナスを順に入れて味をなじませる

鰊茄子

ソフト乾燥の身欠きニシンを柔らかく煮て、その煮汁でナスに味を含ませる出会いの料理。本乾燥の固いニシンの場合は、米のとぎ汁や番茶で長時間かけてもどす作業が必要だが、ソフト乾燥の場合はその必要はない。それでもまず酒と水で煮て、アクをよく除いてから、調味にとりかかる。

鰊茄子《にしんなす》
茗荷　木の芽

調理 結野安雄

1 身欠きニシンを掃除し、細かい骨を除いておく。ザルにのせ、さっと湯に浸ける。

2 水に取り、ウロコなどが残っていたら、除く。

3 鍋に入れ、水、酒を張る。昆布を入れ、火にかける。

4 沸き上がってきたらアクをていねいにひく。ここできれいに除かないと再びアクが煮汁に溶け込んでしまう。

5 蒸発したぶんの湯を足しながら、2時間煮る。

6 干しエビとカツオ節をペーパータオルで包む。

7 濃口醤油、たまり、ザラメ、黒砂糖、鷹ノ爪、干しエビとカツオ節の包みを加え、1時間煮る。

8 切り分けて皮をむいた丸ナスを入れ、ウルメイワシの煮干し、サバ節を入れて、さらに1時間煮る。

鰯辛煮《いわしからに》

調理 結野安雄

酢水で骨まで柔らかく煮てから調味。煮汁をかけながら煮詰めていく

鰯辛煮

イワシを煮汁がなくなるくらいまで煮て、保存性を高めた常備菜。焦げつかないように鍋底に竹の皮を敷き、臭みを消すために酢水で煮たのち、割下を加えて煮つめていく。紙蓋で覆うことで煮汁を全体にからめ、仕上げに煮汁をかけながら煮詰めていくことで、艶を出す。

1 鍋の底に細く裂いた竹の皮を敷く。

2 頭と尾を落として内臓を除き、流水にさらして血抜きしたイワシを並べる。

3 酢と水を1対2の割合で合わせた酢水を張る。ショウガのせん切りを加える。

4 4時間火にかけて、煮汁を煮つめる。

5 ペーパータオルで落とし蓋をして、割下（濃口醤油、たまり醤油、砂糖、うま味調味料）をイワシがひたるくらい加える。

6 火にかけて煮詰める。煮汁にとろみがつき、細かい泡が出るようになったらペーパータオルをはずす。

7 鍋を傾けて、たまった煮汁をすくってはイワシにかける作業を繰り返す。火を止めた後もときどき煮汁をすくってはかけてやる。

8 煮上がったイワシを穴開きバットに取り、乾かす。

下ゆでして煮る

もっとも一般的な加熱技法。下ゆでしてアクを抜いたり柔らかくしたのち、本加熱で味を含ませる。

青干しぜんまい含ませ煮
花がつお

調理 結野安雄

ぜんまい含ませ煮

銅片を入れて色よく下ゆでし心地よい歯ごたえを残す。

水でもどした干しゼンマイを下ゆでしたのち、味を充分に含ませるように煮る。下ゆでの際に銅片を入れるのは、ゼンマイの緑色であるクロロフィルを壊れにくくするため。

下ゆで

1 干しぜんまいには青と赤の2種類がある。今回用いるのは青干しぜんまい。

2 6時間ほど水に浸けてもどす。

3 塩をふってもみ、ゼンマイの腰を出す。

4 鍋に水を張り、醤油を加える。あらかじめ醤油に浸けておいた銅板を入れる。この中にゼンマイを入れて火にかけ、沸騰してから5〜10分ゆでる。

煮る

5 引き上げて、半日水にさらす。扱いやすいように端を竹皮で結ぶ。

6 だし、酒、塩、淡口醤油、ミリン、ひとつまみの砂糖を合わせて、その中でゼンマイを煮る。しんみりめに味がついたらゴマ油を加え、煮汁に浸けたままにして冷ます。

重曹の働きで柔らかく緑色に。
色が飛ばないよう
煮汁の入った鍋ごと急冷する。

冬瓜翡翠煮

翡翠のような鮮やかな緑色に煮上げた料理。重曹には素材を柔らかくする作用があり、鮮やかに発色させるため、トウガンやギンナンのような固い素材に用いられる。加熱で緑色が飛ばないよう煮汁ごと氷水で冷まして味を含ませる。

翡翠《ひすい》冬瓜《とうがん》博多《はかた》
針生姜

調理 結野安雄

下ゆで

1 トウガンを切り分けて、固い緑色の皮を包丁の刃先で削り取る。

2 緑色の側に火が通りやすいよう、細かく包丁目を入れておく。

3 塩4に対し、重曹1を加えて炭酸塩を作る。トウガンの緑色の側を下にして置き、片面だけ炭酸塩をまぶす。

4 バットに並べて10分間おき、炭酸塩をなじませる。

5 塩を加えた湯を沸かす。トウガンを入れて、浮かないように落し蓋をし、2分間強火でゆでる。火を弱めてアクをすくい、さらに8分間ゆでる。

6 指で押したらつぶれるくらいの柔らかさになったら、氷水にとる。

煮る

7 だしに、酒、塩、ミリン、爪昆布、干し海老とカツオ節（それぞれペーパータオルで包む）を加えてしばらく煮る。トウガンを入れて少し煮る。

8 鍋ごと氷水に浸けて、急冷する。

酢水で下ゆでし、
白く煮上げる料理。
加熱しすぎないよう、
冷ました煮汁で味を含ませる。

芋茎白煮

八つ頭の葉の軸を光が当たらないようして軟白栽培したのが白ズイキ。白さを生かして酢水で下ゆでし、白醤油で味を含ませる。加熱しすぎて歯ごたえがなくならないよう気をつける。

芋茎《ずいき》白《はく》煮《に》

調理 結野安雄

下ゆで

1 白ズイキの茎に切り目を入れて、そこから1枚ずつばらばらにはがす。両端から皮を、包丁の刃でひっかけてむき取る。

2 適宜な太さに縦に切り分け、流水にさらし、アクを抜く。

3 鍋に湯を沸かし、トウガラシ、ダイコンおろし、塩、酢を加える。

4 4白ズイキとむき取った皮を入れてゆでる。引き上げて水に落とす。

煮る

5 だしに、酒、塩、白醤油、ミリン、爪昆布、煎り米とカツオ節(それぞれペーパータオルで包む) を加え、しばらく煮る。

6 煎り米とカツオ節の包みを引き上げ、煮汁をとりおく。

7 むき取った皮で端を結んだ白ズイキを、5の鍋に入れる。ペーパータオルで落とし蓋をして煮る。

8 岡上げして、風を当てて冷ます。

9 とりおいた煮汁も冷ましておき、冷ました白ズイキを浸けて、さらに味を含ませる。

軽い落とし蓋をして
皮がむけないように
柔らかく煮る。

蛸酒煮

蛸の柔らか煮を作るには、小豆や炭酸を加えて煮たり、煮汁ごと蒸したりと、各種方法があるが、ここでは水を一切加えずに酒だけで煮る方法を紹介する。軽いラップ紙を落とし蓋替わりに入れて浮かないようにし、煮上がったら煮汁に浸けたままにせず、皮がずるりとむけないように仕上げる。

蛸酒煮
木の芽

調理 後村 明

下ゆで

1 切り分けたタコの足を洗う。塩でもみ洗うと固くなるので、塩は用いない。流水をあてて指でこすり、吸盤をていねいに洗う。

2 沸騰した湯に入れる。

3 すぐに引き上げて、氷水に落とす。

煮る

4 酒、醤油、三温糖を合わせた鍋にタコを入れる。前回タコを煮た煮汁があれば半量ほど加えるとよい。

5 ラップ紙で落とし蓋をして、弱火で1時間半から2時間、途中で2、3回タコを裏返しながら煮る。

6 串が通るくらいの柔らかさになったら完成。

7 煮汁から引き上げて冷ます。

炒めて煮る

火が通りにくい素材やアクのある素材むき。調味料を染み込みやすくし、コクをつける。

水分を飛ばして煎りつけるように煮る。

きんぴら

固い素材を炒めて、調味料を加え、水分を飛ばしながら煎り付けるように煮る料理。炒め油に鶏の皮を加えるのはコクをつけるためで、素材を入れたあとも鍋から取り出さず、そのまま煮てしまう。

きんぴら三種
牛蒡　胡麻
独活　木の芽
蓮根　唐辛子

調理 橋本 亨

炒める

1 ゴボウを千六本に切り、水にさらしてザルに上げておく。

2 鍋にゴマ油を引き、鶏の皮と、種を抜いて小口から切ったトウガラシを加える。

3 ゴボウを加えてしばらく炒める。

4 ゴボウと同様に切ったニンジンを加える。

煮る

5 濃口醤油、たまり醤油、赤酒、砂糖を加える。

6 煎りつけるように水分が飛ぶまで煮る。

炒めて、
だしと調味料を加え
水気がなくなる程度まで煮る

切り干し大根炒め煮

炒めた後で、調味料のほかにだしを加えて煮る煮物。きんぴらほどではないが煮汁をある程度煮詰めるため、火の通りやすいニンジンは最後に加える。切り干しダイコンを炒める前にゆでるのは乾物臭さを抜くのが目的であり、柔らかくなりすぎないように気をつける。

切り干し大根炒め煮
絹さや

調理 橋本 亨

1 切り干しダイコンを水に浸けてもどす。ザルに上げて水気を切る。

2 沸かした湯にもどした切り干しダイコンを入れる。

3 湯が再び沸騰したら、すぐにザルに上げる。風を当てて冷ます。

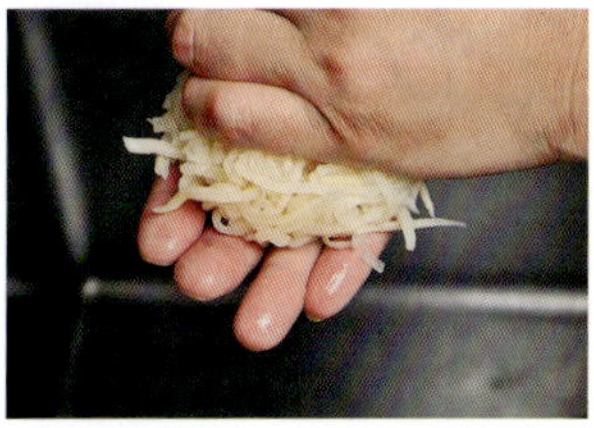

4 手で握って水気をよく絞る。

炒める

5 鍋にゴマ油を引き、鶏の皮を加える。

6 切り干しダイコンを加えて炒める。水でもどして薄切りにしておいた干しシイタケ、アサリのむき身も加える。

煮る

7 ゴマ油が全体にからんだら、だしを加える。

8 油抜きしてきざんだ油揚げを加え、赤酒、濃口醤油、砂糖で調味する。

9 煮汁が煮つまったら、ニンジンのせん切りを加える。

揚げて煮る

表面を加熱して煮崩れを防ぐとともに、野菜の色止めやアク抜きが可能。衣をつければ、煮汁を素材にまとわせる効果も。

卵黄の衣をまとわせて煮汁をからませる

海老黄身煮

車エビに卵黄の衣をつけて揚げ、調味しただしで煮る。下粉に小麦粉ではなく片栗粉を使うのは透明感を出すため。高温の油で揚げると衣が白っぽくなってしまうので、やや低めの温度にする。

海老黄身煮
アスパラガス

調理 結野安雄

揚げる

1 車エビの頭を落とし、背から切り開いて背ワタを取る。この切り目からさらに切り開き、一枚にする。

2 片栗粉を刷毛でまぶす。

3 卵黄をときほぐした黄身衣に車エビをくぐらせる。

4 160℃の油（黄身衣を少量たらすと、少し沈んで浮くくらいの温度）に尾をつまんでそっと油に入れる。

5 衣をはがさないように引き上げ、ペーパータオルの上にのせて油をきる。

煮る

6 だしに淡口醤油、塩、酒、ミリンを加える。

7 車エビを入れて衣がはがれないよう静かに煮て、浮いてきた油とアクを除く。

揚げ煮にしたのち
残った煮汁であんを仕立てる。

鰆霙煮

下揚げしたサワラをやや濃い目の煮汁で煮たのち、この煮汁にダイコンおろしを加えて、みぞれのような状態のあんに仕立てる。水溶き片栗粉を加えることで、繊維質のもそもそした感じではなく、とろりとした状態にして、揚げ煮したサワラにかける。

鰆霙煮《さわらみぞれに》
三つ葉　茗荷
針柚子

調理 結野安雄

揚げる

1 サワラの切り身に片栗粉をまぶす。

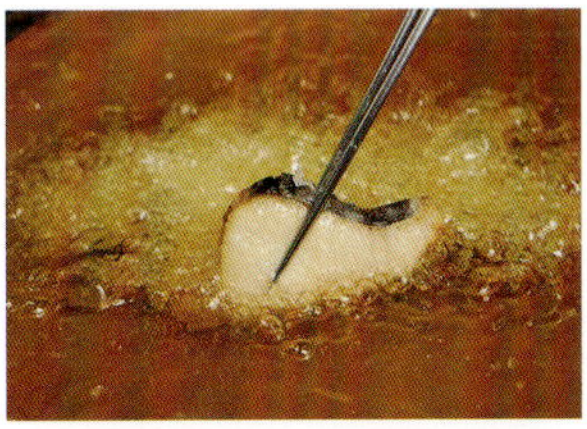

2 180℃くらいの温度で揚げる。このあと煮るので、揚げ色がつくまで揚げる必要はない。

3 油から引き上げて、ペーパータオルの上にのせて油をきる。

煮る

4 だしに淡口醤油、ミリンでやや濃いめに味をつける。サワラを入れ中火で短時間煮る。

5 鍋からサワラを引き上げ、残った煮汁を煮立たせて浮いたアクと油をひく。

6 ダイコンをおろし、さらしで包んで固く絞って水分をきる。

7 5の鍋の煮汁にダイコンのおろしを加え混ぜる。

8 弱火で加熱しながら、水溶き片栗粉を少しずつ加えてとろみをつける。

基礎編②

素材別料理集

東西3軒の料理人が、「魚介」「野菜」「豆腐・乾物など加工品」「肉」という4分野別に煮物を披露。伝統的な技法から独自の工夫、盛り付けなど、幅広い仕事に着目してほしい。

魚介

後村 明
京料理 あと村
料理解説88頁

伊勢海老具足《ぐそく》煮
筍 木の芽

伊勢海老の殻を武将の兜に見立て、「具足」と呼ぶ料理

穴子春キャベツ巻き

芽キャベツ　梅肉

小鮎花山椒《さんしょう》煮

春が旬の鯛の頭と
その腹子を盛り合わせる

鯛親子煮
蕗《ふき》

すっぽん親子煮

鱧《はも》矢車煮

鯔子《ぼらこ》源平煮

浜防風

鱧松

柚子

穴子干瓢《かんぴょう》巻き

鱧の子玉子吹寄せ
うすい豆

ゼラチン質豊かな茂魚を
大根おろしで
煮汁ごと楽しむ

茂魚《あこう》おろし煮
木の芽

魚介

橋本亭

割烹 とよだ

料理解説90頁

穴子昆布巻き

干瓢

江戸らしく穴子を芯にして昆布巻きを仕立てる

蛤《はまぐり》 時雨《しぐれ》煮

木の芽

鰯《いわし》紅梅《こうばい》煮

梅肉

才巻《さいまき》芝煮

生姜

銀皮をつけた状態でしっかり煮上げる

秋刀魚万年煮
木の芽

蝦蛄《しゃこ》大根巻き
干瓢

牡《か》蠣《き》胡椒《こしょう》煮

穴子の山椒煮

木の芽

魚介

結野安雄

和光菴

料理解説91頁

鮑大船《だいせん》煮

つぼみ菜

殻を船に見立てた鮑と大豆の定番の組合せ

飯蛸旨煮
蕗　木の芽

鰤《ぶり》大根
白髪葱　針柚子

鯛の子旨煮

白子　木の芽

鯛の卵巣と精巣の
紅白の炊合せ

蛍《ほたる》烏賊《いか》酒盗《しゅとう》煮《に》

穴子鳴門巻き
千石豆
木の芽

鰻信田《しのだ》巻き
絹さや

野菜

後村　明
京料理　あと村

料理解説93頁

かぶら吹寄せ煮
車海老　軸菜　木茸

五色百合根《ゆりね》

筍海老射込み

紫陽花《あじさい》饅頭《まんじゅう》

花穂紫蘇

蒲焼を芯にして冬瓜の翡翠煮で包み、
紫蘇の花で紫陽花に見立てる

茄子海老そぼろあんかけ
胡瓜

山葵《わさび》万年《まんねん》煮
山桃

新蓮根《れんこん》吉野煮
万願寺唐辛子

淡白な独活に唐墨をアクセントに添える

独活白煮《うどはくに》
唐墨《からすみ》まぶし

野菜

橋本 亨

割烹 とよだ

料理解説94頁

枝豆あずま煮

茄子《なす》翡翠《ひすい》煮

くこの実

大根で油揚げを巻き込み、切り株の年輪のように

年輪大根

胡椒

隠元《いんげん》の梅煮

ホワイトアスパラ バター煮

蕗　花山椒　赤胡椒

小松菜煮びたし

なめこ　榎茸《えのきたけ》

だったん蕎麦《そば》の実

蕗のほど煮

けしの実

伽羅煮よりも短時間で
”ほどほどに“煮た蕗

小芋オランダ煮

柚子

野菜

結野安雄

和光菴

料理解説96頁

根も茎も食べられる
大阪特産の葉牛蒡を炒め煮に

若牛蒡《ごぼう》炒め煮

独活の香梅煮

くわい含め煮三種

丸大根含め煮

柚子

海老芋を色を生かした白煮と
べっこう色の田舎煮の二品に

海老芋白煮
青梗菜《ちんげんさい》　柚子

海老芋田舎煮

若竹煮

蕗　木の芽

筍佃《つくだ》煮

実山椒

蓮根の穴に小豆を詰めた小倉煮と
油で揚げてから煮るオランダ煮の組合せ

蓮根小倉《おぐら》煮
蓮根オランダ煮

長芋松皮煮
蕗　木の芽

うすい豆含め煮

トマト蜜煮

ミント

後村 明
京料理 あと村
料理解説98頁

鱧豆腐
おくら

湯葉饅頭
葱

干した大根独特の歯ごたえを楽しむ

このこ大根
軸三つ葉

海老芋棒だら
柚子

豆腐・乾物など加工品

橋本 亨
割烹 とよだ
料理解説99頁

白滝と姫皮に
鱈子をまぶして
余熱で火を通す

煎り豆腐
木耳《きくらげ》 人参 筍
グリーンピース

白滝と姫皮の真砂《まさご》煮
干し青菜

茶豆腐
海老　小芋　絹さや
芥子

すき昆布
榎茸　油揚

豆腐・乾物など加工品

結野安雄

和光菴

料理解説99頁

ひろうす
青梗菜

南蛮菓子をヒントに誕生した伝統の豆腐料理

栗麩照煮

粉山椒

自家製厚揚含め煮

白髪葱

紫花豆蜜煮

昆布と大豆の佃煮

鰊昆布巻き
菜の花

湯葉旨煮
つぼみ菜　柚子

湯葉を巻き込み
焼き目をつけてから煮る

肉

後村 明
京料理 あと村

料理解説101頁

牛肉山葵菜《わさびな》巻き

ぴりっとした山葵菜を芯に
柔らかい牛ロースで巻く

豚角煮
葱 芥子

鴨ロース九条葱射込み

肉

橋本 亨

割烹 とよだ

料理解説101頁

豚三枚肉べっこう煮

牛蒡 軸菜 生姜

豚の三枚肉を江戸甘味噌で艶よく炊く

鶉《うずら》 大根

パプリカ 菠薐草《ほうれんそう》 胡椒

牛肉と牛蒡の時雨《しぐれ》煮
おかひじき　胡麻

牛舌味噌煮
焼き葱　赤胡椒

肉

結野安雄

和光菴

料理解説102頁

合鴨つみれ
クレソン
茗荷　葱　木の芽

豚角煮
ペコロス　青梗菜　芥子

柔らかい牛肉を芯に
湯葉で巻き包む

牛肉の信田巻き
蚕豆　木の芽

牛舌柔らか煮
クレソン　芥子

応用編

このコーナーでは「煮物替わり」と呼ばれる変化球の煮物や、冷めたくてもおいしい煮物、さらに主役がはっきりした素材別料理集とは別に、いろいろな煮物を盛り合わせてそのハーモニーを楽しむ「炊合せ」を紹介する。

後村 明

京料理 あと村

料理解説104頁

〈煮物替わり〉

錦野菜鍋

筍　人参　独活　菜の花
鶉卵

鮑と苺に見立てた雲丹を煮る
三陸の郷土料理を
鍋物風に昇華

苺煮鍋

雲丹　帆立
大葉紫蘇

〈冷やし炊合せ〉

河豚の皮を丸めて並べ
蓮根に見立てた煮こごり

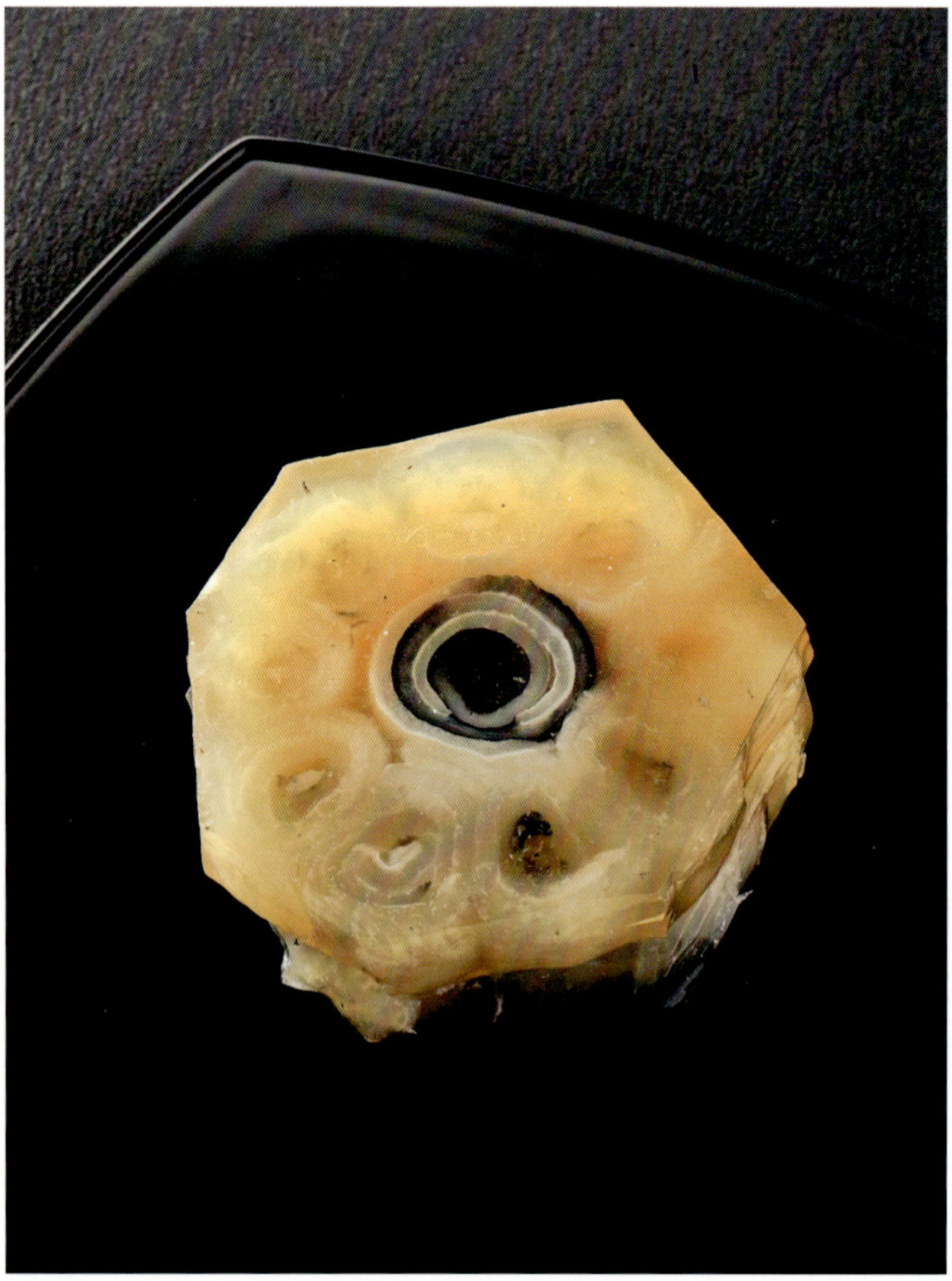

河豚《ふぐ》皮煮こごり

筍木の芽寄せ

蚕豆と独楽丸十《まるじゅう》艶《つや》煮

冷やし野菜吹寄せ

人参　冬瓜　南京　小芋　茄子
ふり柚子

応用編

橋本 亨

割烹 とよだ

料理解説105頁

〈煮物替わり〉

沢煮

人参 椎茸 牛蒡 独活 筍
背脂 三つ葉 錦糸玉子
赤胡椒

豚の背脂のこくで野菜を煮る羹《あつもの》

〈炊合せ〉

飯蛸柔らか煮
筍 蕗
木の芽

鰊《にしん》昆布巻き 車海老
海老芋白煮 菜の花

応用編

結野安雄

和光菴

料理解説106頁

〈炊合せ〉

鮑《あわび》　海老芋　人参　菊菜

柚子

こってりした定番の鰤大根とは違う、もうひとつの方向性

鰤大根

人参　菜の花

柚子

鰊昆布巻き
粟麩オランダ煮　長芋白煮　蕗
木の芽

蛸柔らか煮　小芋
若牛蒡含め煮　アスパラガス
柚子

海老吉野煮　木の葉南京《なんきん》
長芋　小芋　蚕豆
アスパラガス
赤蒟蒻《こんにゃく》
木の芽

芋蛸南京
海老　おくら
柚子

芋、蛸、南瓜の組合せを、
彩りよく美しく

みりんの章

素材に甘みをつけるだけでなく、うまみや照りをつけ、味にふくらみを持たせることができるのがみりんだ。みりんは酒の一種であり、ワインがフランス料理に欠かせないように、日本料理にとって重要な調味料。しかし、塩や醤油にこだわりを示す料理店は多くても、酒やみりんを吟味するという例はあまりきかない。日本ならではのこの調味料にもっと関心を示すべきではなかろうか。ここでは酒も含めて、その役割を考える。

三河みりんができるまで

協力／㈱角谷文治郎商店（愛知県・碧南市）

”みりん風調味料“と違って、本みりんはもち米の甘みをふんだんに含む贅沢なもの。醸造用アルコールや糖類の添加などに頼らないで造る伝統的なみりんなら、なおさらだ。２００余年のみりん醸造の歴史がある三河の本格的・伝統的な醸造法を紹介する。

角谷文治郎商店は明治43年創業で、伝統のみりん醸造技術を守ってきた。昭和40年代まで米を蒸すのに使っていた石炭窯の煙突が立つ。

1日に3回原料のもち米を蒸す。国内指定産地の特別栽培米を使用(写真上)。1段のこしきには300kgのもち米が入っている(写真下)。

蒸したもち米と米麹、焼酎をタンクへ仕込む。20石の米に10石の焼酎を加えると、20石のみりんを搾ることができる。同社は国産の原料にこだわり、仕込みに用いる焼酎まで自社で造る。

そば店やうなぎ店ではみりんを大量に使用するため、戦前は1升瓶ではなく陶製の焼酎瓶に入れて販売していた。

みりんもろみをかき混ぜる櫂入れの作業。タンクの中でまんべんなく麹を働かせる。3カ月かけてじっくりと熟成させる。

クリーンルームの中で、みりんもろみを搾る。濁りが出ないように、酒袋にとって、ゆっくりと自然にしたたり落としてみりん粕とみりんに分ける。

搾ったみりんは、1年以上タンクで熟成してから出荷する。瓶に充填した製品に光を当てて透かし、検品する。

左が搾りたて、右が1年間熟成させたみりん。熟成する間に糖とアミノ酸が結合し、琥珀色に変わる。

純米本みりんの醸造工程

もち米 → 浸漬(しんせき) → 蒸(じょう)きょう → 冷却 → 仕込み → 熟成 → みりんもろみ → 上槽 → おり下げ → 貯酒 → 充填

おり下げ → みりん粕

麹用うるち米 → 浸漬 → 蒸きょう → 製麹 → みりん米麹 → 仕込み

焼酎 → 仕込み

赤酒ができるまで

協力／千代の園酒造(株)（熊本県・山鹿市）

甘みをつける調味料としてみりんと同様に使える赤酒は、もろみを搾る前に木灰を加える古式醸造法「灰持酒」の伝統を汲む。熊本県の特産品だが、現在醸造するメーカーはわずかに2社のみ。その独特の製法を紹介する。

豊前街道沿いの山鹿温泉で、明治29年から酒作りを行なう千代の園酒造。それ以前は江戸時代から米問屋を営んでいた旧家で、4階建ての米蔵が往時を偲ばせる。

種麹をまいて広げ、米の天地を切り返すようにして混ぜる麹造りの作業。写真は吟醸酒用の麹造りで、赤酒の麹は一度に700kgを仕込むために製麹機を用いる。

煙のように散っているのが麹の胞子。天秤量りで正確な量を計り、金網を使ってもみ床の上に均等に撒く。

千代の園酒造では赤酒の醸造は清酒の仕込みが終わった3月頃からはじめ、清酒の搾りに入る前の9月頃に瓶詰めする。

同社の酒造り資料館に残る、赤酒のラベルの数々。明治の頃はここ山鹿でも数社の酒蔵が赤酒を作っていたという。

もろみを攪拌する櫂入れの作業。清酒用の酒米の精米度合が70%なのに対し、赤酒用は90%で、アミノ酸を多く含むようにする。山鹿市は上水にも使うほど地下水が豊富で、仕込み水も地下からくみ上げた水を使う。

右の普通の清酒に対し、左のやや黄色みを帯びた瓶が搾りたての赤酒。タンクで熟成中に中央の瓶のように琥珀色に変わる。

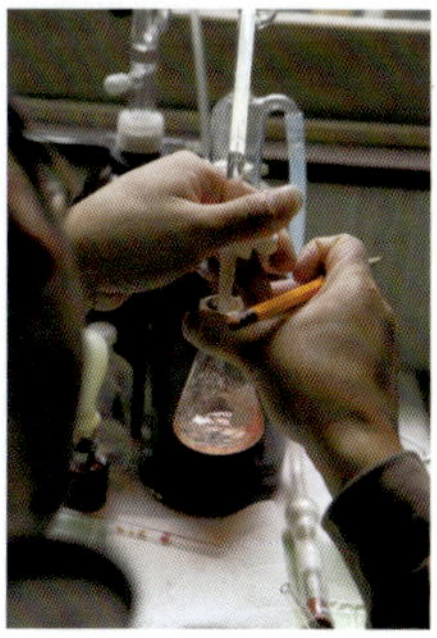

もろみの酸度を調べる。この段階では清酒と同じく酸性を示すが、この後木灰を加えると、アルカリ性に変わる。

写真上　赤酒には、緑色に変わる一歩手前のひね麹を用いるのも清酒と異なる点のひとつ。**写真下**　赤酒の醸造に欠かせない木灰。炭焼きの際にできる、広葉樹の木灰を用いる。

赤酒の醸造工程

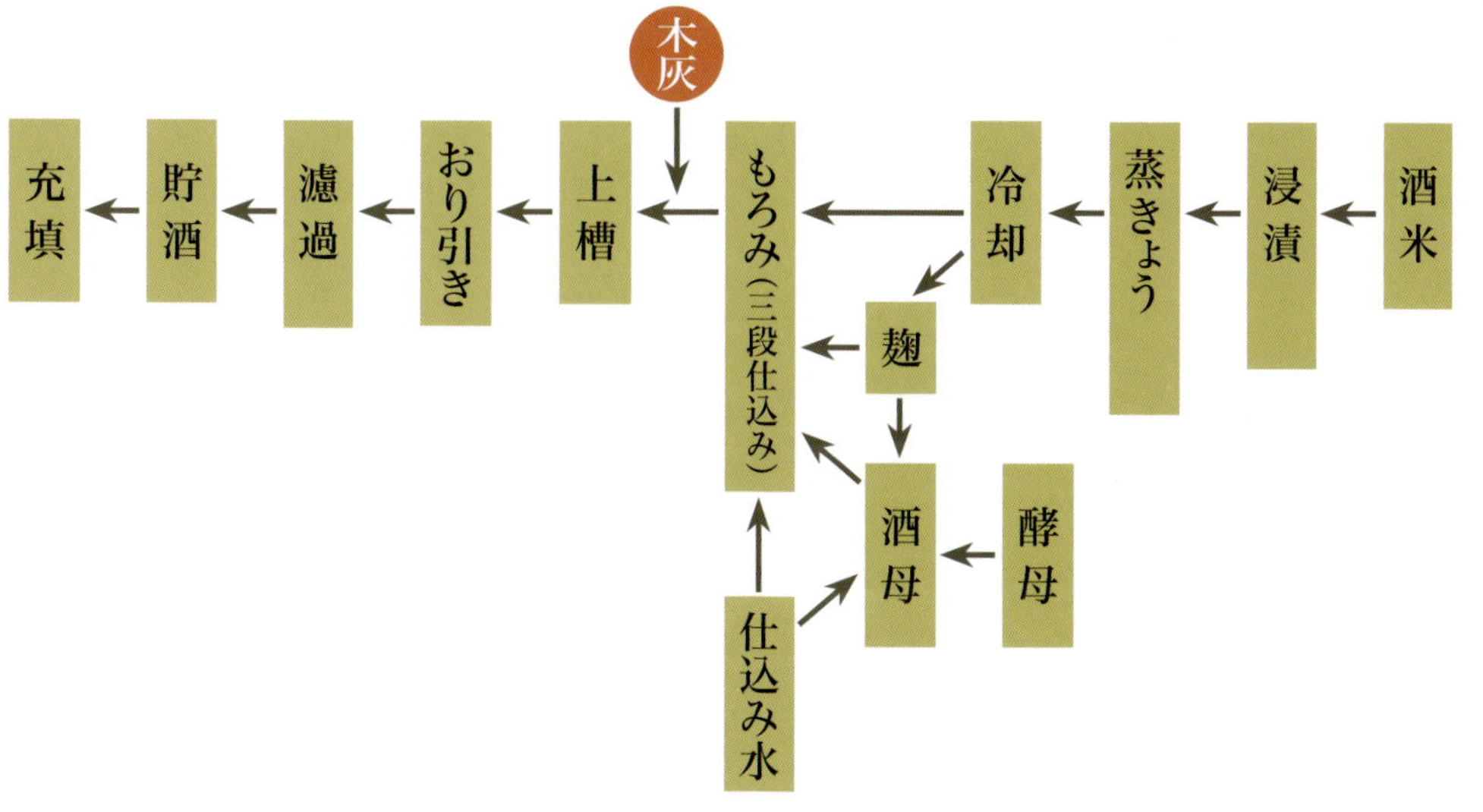

調味料としての酒
〈赤酒・みりん図鑑〉

協力／㈱角谷文治郎商店（愛知県）
千代の園酒造㈱（熊本県）
合名会社大木代吉本店（福島県）

日本酒やみりんからは、料理に自然なうまみと甘みをつけるほか、生ぐささを抑えたり、焼き色や照りをつけるといった効果が得られる。それだけ重要な役割をもつ調味料でありながら、質の違いを意識して選び、使い分けているという料理店の例はあまり聞かない。メーカーによって原料も製法も違うし、製品によって色もエキス分の量も違うことを知ってほしい。

肥後特産 赤酒

千代の園酒造の製品で、熊本では屠蘇にも使われるレギュラータイプの赤酒。アルコール分12度、エキス分35.0。

料理酒 赤酒

千代の園酒造の製品で、料理用を意識して、エキス分が多くなるように醸造している。アルコール分12度、エキス分45.0～48.0。

極上赤酒

千代の園酒造の製品で、飲用を意識して、原料にうるち米のほかにもち米も用いて、上品な甘さとなるように、エキス分を少なく醸造している。アルコール分12度、エキス分24.0。

有機三州味醂

角谷文治郎商店の製品で、国産の有機栽培米を使用し、米1升、みりん1升と呼ばれる米をふんだんに使った伝統的製法で醸造した本みりん。1年以上の長期熟成を経ているため濃い色をしている。アルコール分13.5度、エキス分43度以上。

こんにちは料理酒

大木代吉本店が醸造する料理用日本酒。よく言われる“淡麗辛口な酒”ではなく、濃醇甘口な味をめざしており、豊富な天然アミノ酸が素材の旨みを引き出す。日本酒度－22で、アルコール分17度。

〈料理における酒の効果〉

食材を「煮る」という調理は、つまるところ液体で加熱するということ。水や塩水で加熱する「ゆでる」は例外として、加熱媒体として調味料やだしを加えた液体が必要となる。それは醤油であったり、カツオだしであったりするが、忘れてならないのが酒の存在である。

煮汁に日本酒やみりんを加えて煮ると、そこに含まれているアミノ酸が食材にうまみやふくらみを与える。さらに日本酒やみりんに含まれるアルコールは、これらの成分が食材に浸透するのを助け、いっぽうで素材が煮崩れるのを防いでくれる。

またアルコールは水よりも沸点が低く揮発しやすい特性をもっている。水だけで加熱するよりも温度が上がらずに短時間で煮つまり、素材に火が通り過ぎないうちに、ちょうどよい濃さになってくれるという長所もある。

アルコールは揮発することで、魚の生ぐさいにおいも飛ばしてくれる。さらに酒やみりんの中の糖類やアルコールなどは魚の嫌なにおい成分と結合して、においを感じさせなくなるという働きもある。

もっともこれらの効果もさることながら、みりんの場合、料理に使う最大の理由は、甘みをつけたいからだろう。

成分のほとんどがショ糖である砂糖を使うと、ストレートに甘くなりすぎてしまうことがある。その点、みりんの甘み成分は、でんぷんが分解したグルコースやオリゴ糖類で、砂糖よりも自然な甘みをつけてくれる。煮つまったときには見るからにおいしそうな色つやとなる。

そもそも日本で砂糖が国産化されるようになったのは江戸時代後半からであり、調味料としてふんだんに使えるようになるのはずっとあとのことだ。

一方みりんはその起源は明らかではないが、もち米を原料とする中国南方系の酒が元になったとみられており、戦国時代から造られている。当初は日本酒よりも2、3倍の価格の贅沢な飲み物で、飲みやすいように焼酎で割った「柳かげ」も造られた。

それが江戸時代後半になると産地が広がり増産され、甘味調味料として使う料理文化が花開く。天ぷらの天つゆや蒲焼のたれ、寿司（冷蔵手段がない当時は今よりもずっと加熱した寿司種が多かった）など、日本料理にみりんは欠かせないものとなる。

ちなみにそばつゆでは、みりんを加えるのは贅沢で、とくに「御膳がえし」と呼ばれていた。もりそばとざるそばの違いは、今では海苔が上に載っているかどうかと思われている節があるが、もともとのざるそばは御膳がえしを使った特別なそばのことである。

しかし、明治になって酒には酒税がかけられ、酒販店でのみ販売されるものになる。そもそも日本酒やみりんは主食である米から造られるため、ブドウから作られるワイン、大麦の麦芽から作られるビール、雑穀やトウモロコシから作られるウイスキーなどのスピリッツ類と違って、国の食糧政策の影響をもろにかぶってしまうという宿命を背負っていた。

その制約が、調味料として広く使われるようになった日本酒やみりんの方向性を、それまでとは違った道に進めてしまうことになるのである。

〈本みりんとみりん風調味料の大きな違い〉

「本みりん」というのはよくよく考えれば、不思議な名称である。同じ調味料でも「本醤油」や「本砂糖」は存在しない。ただの「みりん」ではなく、わざわざ「本」と冠する言葉が登場した背景には、本物ではない代用のみりんが存在するからにほかならない。

もち米を原料とするみりんの醸造は、戦争中の統制経済による受難の時代を迎える。みりんは贅沢品とみなされ、昭和18（1943）年から終戦を挟んで8年もの間、製造が禁止されていた。

その後も食糧優先の政策から高い酒税がかけられ、昭和30年代には1升瓶で売値1000円のみりんのうち、実に762円が税金という状況だった。そのため、代替品を造る方法が模索され、その影響が今もなお残っている。

酒税の対象から逃れるために昭和30年代に普及したのが、「新みりん」や、「塩みりん」である。

新みりんは米を使わずに雑穀を原料として糖化発酵させ、酸味料などで味をととのえているため、アルコール分をほとんど含まない。そのため、酒造免許を持たない業者でも作ることができる。実際に煮きったわけではないが、煮きったみりんのように使える商品というわけだ。

いっぽう塩みりんは、塩水の中でアルコール発酵させた後に糖類を加えている。ある程度のアルコール分を含むものの、塩味のため酒として飲むことができず、酒税の課税対象外となる。

かたや高額の酒税負担に泣かされ、売上げが伸びない昔ながらのみりん業者は、酒造免許を返上したり、転廃業が進むことになる。そこで昭和31（1956）年、34（1959）年、37（1962）年と相次いで酒税の見直しが行なわれ、みりんの税金は121円まで下げられた。

また、高度経済成長で生活水準が上がり、かつては業務用に限られていたみりんが家庭でも使われるようになり、一転してみりんの消費量は増大し、昭和40年代になるとようやく、みりんの生産量は戦前のレベルまで回復した。

しかし当時は米価もまた上がるいっぽうで、安価な新みりんや塩みりんに対抗するために、醸造用アルコールや糖類で増量する方法がとられるようになる。日本酒の世界でいう「三倍増醸」（もろみを醸造用アルコールと水でのばし、糖類や酸味料などで味を調整した、三倍に増量された酒）が、

有機三州味醂

柳かげ

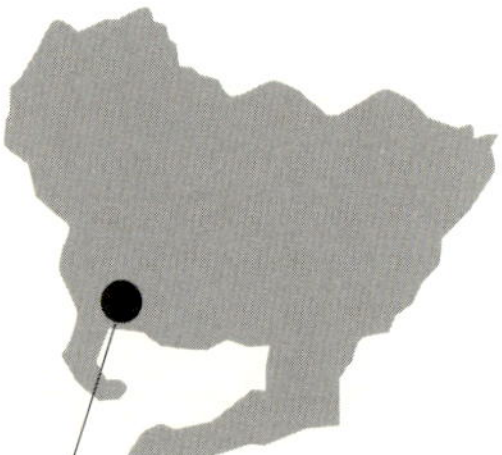

㈱角谷文治郎商店

愛知県三河地方は江戸時代から続くみりんの生産地で、千葉県流山の白みりんとは違って、長期熟成による琥珀色が特徴。角谷文治郎商店はその伝統的製法を受け継ぐ（カラー76頁参照）。

	本格みりん	一般的な本みりん	みりん風調味料	発酵調味料（料理酒など）
原材料	もち米・米麹 焼酎	もち米・米麹 醸造アルコール 糖類など酒税法で定められた原料	糖類・米 米麹・酸味料 調味料など	米・米麹 糖類・アルコール 食塩など
製法	糖化熟成	糖化熟成	ブレンドなど	発酵・加塩 ブレンドなど
アルコール分	13.5～14.5%	13.5～14.5%	1%未満	数%～14%
塩分	0%	0%	1%未満	約2%

※みりんはエキス分40%以上と酒税法で定められている
※自己の連続式蒸留機により製造された焼酎またはアルコールによって仕込まれた本みりんは「みりん1種」に分類される。それ以外の本みりんはみりん2種。

みりんにおいても行なわれたのである。

　また塩みりんや新みりんは酒にあてはまらないため、酒販免許を持っていないスーパーでも扱うことができるという有利さもあった。みりんを販売するのは酒販店に限られたが、新みりんや塩みりんは酢や醤油と一緒に、スーパーの調味料の棚で販売された。

　昭和50（1975）年になって、公正取引委員会は、こうしたみりん以外の商品の呼び名を「みりん風調味料」に統一する。いっぽう昔からの真のみりんは、混同されるのを嫌って「本みりん」と呼ばれるようになったというわけである。

　その後、平成9（1997）年になってようやくみりん販売免許が緩和され、スーパーでも本みりんをおけるようになったこともあり、みりん風調味料の流通量は減少している。

　しかし、本みりんという言葉は、あくまでもみりん風調味料に対しての呼び方であり、もち米と米麹、焼酎を使って2年以上かけて醸造する伝統的な商品もあれば、酵素剤を使ったり、粉にした米を高温で糖化し、2～3カ月で速醸する製品もある。醸造用アルコールや水あめを添加し、香味を調整している製品も本みりんであり、定義の幅が実に広い。

　日本酒の世界では、消費量の減少からくる危機感や、愛好家たちの後押しもあって、昔ながらの作り方に回帰する方向にある。平成18（2006）年の酒税法の改正で、原料の半分以上の白米を使わないと日本酒と称することができなくなったため、三倍増醸は行なわれなくなった。一方みりんにおいては糖類の使用は、白米の2・5倍以下であれば認められている。「純米酒」のような、表示にあたっての規制も、みりんの世界ではまだ作られていない。

　また日本酒では外国で仕込んだ製品はまだ少数派であり、その旨表示されるが、みりんにおいては外国産のもち米が使われている例はけっして少なくない。海外で半製品のもろみの状態まで加工することで関税を下げ、国内加工することで原材料費を圧縮することも行なわれている。

　日本の米余りが問題となっている昨今、伝統的な本格みりんを守り、規格で保証するような動きがあってしかるべきではないだろうか。ましてやみりんは日本独自の調味料であり、日本料理を支える柱の一つなのだから。

〈古式酒造の流れを受けつぐ赤酒〉

かつては業務用だったみりんは家庭にまで普及したが、赤酒《あかざけ》を知る人はまだ少ない。

赤酒は熊本県特産の琥珀色をした甘みが強い日本酒で、熊本から上京した主人公が飲む酒として夏目漱石の「三四郎」にも登場する。今でも熊本では正月の屠蘇にはみりんではなく、赤酒を用いる家も多いという。

その製造工程は、カラー78頁でレポートしているように、通常の日本酒とほぼ同じであるが、木灰を加えるという点が大きな特徴である。ただし、木灰は甘くするために加えているわけではなく、腐敗防止が目的である。酒を酸敗させる乳酸菌は酸性の環境を好むのでアルカリ性の木灰を加えて活動を防ぐのだ。醸造の世界では殺菌には加熱する方法があることも古くから知られており、それは「火持酒」と呼ばれていたのに対し、赤酒は「灰《あく》持酒」と呼ばれる。

それではなぜ、通常より甘口なのかといえば、原料である米の量に対して加水が少ないためである。日本酒造りでは、酒母（酛）に、初添、仲添、留添と米や麹を三段階に分けて加えていくが、その際の仕込み水の割合が、赤酒は通常よりも少ない。そのため、糖分が酵母に分解されずに残る。

これは日本酒の仕込み方としては古い方法にあたる。江戸時代の初めの日本酒はこうした甘い酒だったが、伊丹や灘で技術が改良されて、今のような清酒が作られるようになった。

それでは、なぜ古式醸造による赤酒は今も熊本に伝わっているのだろうか。その歴史については、蟹江松雄監著『肥後の赤酒 薩摩の地酒』（金港堂）に詳しい。

南九州では冬でも暖かいために、寒い時期に仕込む「寒造り」という新しい酒造法を採り入れることができず、昔ながらの方法が維持され続けてきた。

また肥後藩では、藩主の細川家が財政建て直しのため、自藩の産業振興を旨とし、上方などから来る他の藩の酒の流通を禁止した。そのため地元の酒が守られたのである。

もっとも酒造りの株は藩の管理化にあって、蔵元の数は限られていた。ところが明治時代になってそれもなくなり、赤酒を造る醸造所は一気に増える。先の「三四郎」では赤酒は学生が飲む安い酒として語られている。

肥後特産 赤酒（1升瓶）

料理用酒 赤酒（ペットボトル）

極上赤酒

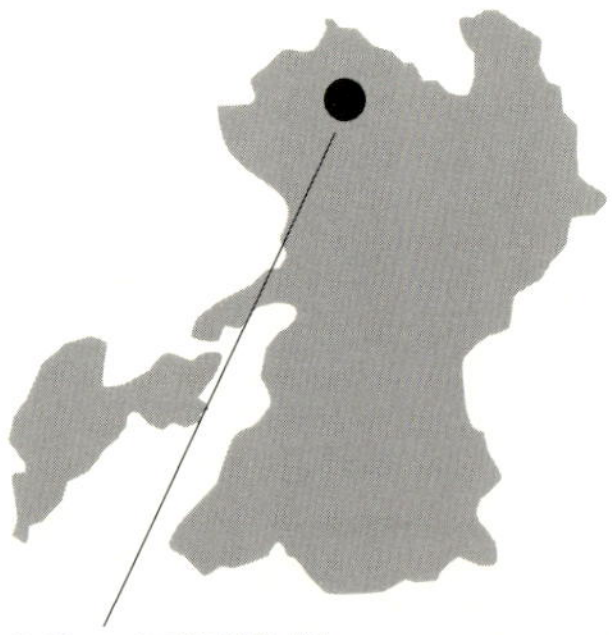

千代の園酒造㈱

赤酒を造るメーカーは、現在熊本市の瑞鷹㈱と、山鹿市の千代の園酒造㈱の2社のみ。千代の園酒造は昭和42年に純米酒を出荷し、純米酒ブームの先駆けとなったことでも知られる（カラー78頁参照）。

赤酒もまた戦時中は製造が禁止されていたが、昭和25（1950）年には復活する。ただ、食糧難の時代であり、赤酒もみりん同様に醸造用アルコールや糖類の添加が始まった。

なお赤酒は分類上「雑酒」に入れられていたため、酒税の税率はみりんよりもずっと低く設定されていた。昭和37（1962）年に「雑酒」から「リキュール類」に変わるが、それでもまだみりんよりも低かった。その後、リキュール類の税率は上昇してみりんと立場が逆転するが、昭和56（1981）年に「その他の雑種」に分類されうようになり、みりんと同じ税率が適用されるようになる。

なお熊本県の隣の鹿児島県には、赤酒と同様の製法で作られる「地酒」がある。これは「じざけ」ではなく「じしゅ」と読む。地酒はつけ揚げ（さつま揚げ）作りに使われることから、今も4社が製造しており、鹿児島県ふるさと認証食品にも指定されている。鹿児島の郷土料理である酒寿司（酢の替わりに地酒で寿司飯を作る）には、この地酒が欠かせない。

ちなみに宮崎県でも地酒は戦前造られていたが、その伝統は失われてしまった。

一方島根県にはやはり灰持酒の一種である地伝酒《じでんしゅ》がある。こちらはみりんと同様に昭和18（1943）年に製造が禁止されて以来、長らく絶えていたが、平成元（1989）年、松江商工会議所の旗降りで復活運動が始まり、現在商品化されている。地伝酒は赤酒や地酒と異なり、みりんと同じくもち米と米麹を原料とするが、醸造法は日本酒に準じ、三段仕込で発酵させて造る。

地酒や地伝酒が、知る人ぞ知る酒なのに対し、赤酒はみりんよりも低い税率だったこともあり、戦後日本料理業界に積極的にセールスされてきた経緯があり、業務用として広く使われている。

本書で各種煮物を披露してくださった「割烹とよだ」の橋本亨氏は、浅草の料亭「草津亭」で、名料理人として知られる宮澤退助氏の下で修業したが、草津亭ではみりんはまったく使わずに赤酒で甘みをつけていたという。関東では流山の白みりんを使うのが江戸時代から一般的だったことを考えると、異例といえる。しかし、料理が醤油色になることを嫌わない関東の料理においては、色の淡いみりんでなければならない制約はない。現在橋本氏は、自分の店ではみりんと赤酒を併用しており、88頁以降の料理解説でご確認いただきたい。

また本書の姉妹編である『焼き物と塩の本』の森本泰宏氏の師匠である中西彬氏は、大阪出身の料理人であるが、魚や肉を煮るときは赤酒、野菜を煮るときはみりんと、使い分けていた。本書の結野安雄氏も、肉料理には赤酒を使っている。

赤酒は日本酒やみりんと違って微アルカリ性を呈する。そのため素材が固く締まらないと言われている。もっとも、それは官能レベルにとどまり、機械で測定できるほどの差が認められず、はっきりしたことはわかっていないという。

ただ、みりんとも異なる甘さやアルコール度数を持つ点が、第二の選択肢として多くの料理人に愛されてきたのは間違いない。

ちなみに、延喜式を元に国税庁醸造試験所が開発した「貴醸酒《きじょうしゅ》」は、仕込み水の替わりに日本酒を使って醸造したもので、甘みが強く濃厚な味となっている。また最近は日本酒用の黄麹ではなく、焼酎用の白麹で仕込んだ、クエン酸が豊富で甘酸っぱい酒も造られている。こうした酒はまだ高価であるが、かつての赤酒のように、調味料としても使われるようになる可能性も秘めているといえるだろう。

〈料理のための酒とは〉

ところで特殊な赤酒やみりんはともかくとして、料理に使う日本酒については、料理店では一般的にどんなものが選ばれているのだろうか。

正直なところ、価格優先だったり、修業先でなじんだものと同じ商品を使っていて、味の違いにはとくにこだわってこなかったのが実情ではないだろうか。かつてはお客に出した燗酒の残りが厨房に回ってきたという時代もあったくらいで、伝統的に料理に使う日本酒については、あまり気にしてこなかったと思われる。

しかし、糖類や酸味料が大量に入った増醸の酒や、アルコールに糖類や酸味料、アミノ酸などを加えて日本酒風の味にした合成清酒を用いているにもかかわらず「うちではうまみ調味料なんかを使うのはもってのほかで、魚は天然、だしも一流、素材の持ち味を大事にしている」などと大見得をきっているとしたら、笑い話にしかならない。

そもそも料理用酒と銘打って販売されている日本酒製品も各種あるが、これらは全体に共通点があるわけではない。先のみりんの項で説明した塩みりんと同じく、酒販免許のない店でも取り扱えるよう塩を加えて酒税の対象外になっているために「料理用」と明記している商品もある。

加塩していない料理酒であっても、どうせ飲用ではないからと価格重視で薄めの商品もあれば、調味料であることを意識して開発された旨みの強い商品まで千差万別である。

昭和52（1977）年から発売されている、料理用酒の草分けの大木代吉本店の「こんにちは料理酒」は、後者の旨みの強い製品の代表格だ。この製品、最初は通常の飲用をめざして昭和50（1975）年に売り出されたが、濃くて甘みのある味が、「淡麗辛口」の日本酒ブームと合わず、売れ行きが伸び悩む。ところが料理に使うと抜群の効果を発揮することがわかり、料理用として舵をきった。

ここ数年はさらに改良を重ね、3段仕込みで造られた日本酒に、麹、酒粕、甘酒を段階的に加える「6段仕込み」が行なわれている。含有するアミノ酸の量は100mlあたり1059mgで、これは同じ蔵元の純米酒と比較しても、およそ7倍にあたる。

フランス料理の世界では、料理に使う赤ワインについても複数産地のものを用意して使い分けるのは至極当然のこと。日本料理店でも酒の銘柄を選び、使い分けるのはけっして不思議なことではない。そこまで吟味、研究してこそ、質のよい食材を生かしきれるのではないだろうか。

こんにちは料理酒

合名会社大木代吉本店

福島県矢吹町の大木大吉本店は慶応元(1865)年創業。先の震災では14棟あった蔵のうち5棟が全壊、残りも半壊する被害に見舞われたが、製造を続けている。「こんにちは料理酒」は萩原卓・久子夫妻の絵による四季に応じた4種類のラベルがある。

酒・みりんに関する
調理用語集

ここでは料理店で使われる酒・みりん関連の調理用語や食材用語を集めました。用語は地方や店の流派によって違いがあるため、この説明はあくまでも一般的なものと考えてください。

あまざけ（甘酒）　米の粥に麹を加えて半日から1日発酵させた飲み物。アルコール発酵まで進まないので、アルコール分はほとんど含まれない。

いたかす（板粕）　もろみを搾った後に残った搾りかすで、板状のもの。形のくずれたものは「ばら粕」「粉粕」ともいう。↓ねりかす

いりざけ（煎り酒）　酒に梅干しの風味を移し、味をととのえたもので、つけ醤油替わりとする。

うまだし（旨だし・美味だし）　カツオだしに醤油、ミリンで調味した、そばのかけ汁程度の濃さの合わせだし。

かげんじょうゆ（加減醤油）　ミリンやだしを加えた醤油。

かげんず（加減酢）　ミリンやだし、醤油で味をつけた酢。

かすじる（粕汁）　塩ザケなど、塩蔵した魚と野菜を、酒粕を加えた汁で煮込んだ、実だくさんの汁もの。

かすづけ（粕漬け）　酒粕に調味した漬け床に素材を漬け込んだもの。

こうしゅう（甲州）　甲州（山梨県）がブドウ産地であることから、ブドウ酒やブドウ汁を使った料理につけられる名称。

こつざけ（骨酒）　アユやイワナなどの川魚を焼き、熱燗の酒を注いだもの。焼物に使った大型魚の中骨に熱燗を注いだものも同じ名でよばれる。↓ひれざけ

こつむし（骨蒸し）　タイやアマダイなどの白身魚の中骨や頭などのアラを、酒やだしで蒸し煮にした料理。

さかいり（酒煎り）　材料と少量の酒を火にかけ、水分がなくなる程度に煎りつける。魚介類や鳥肉類などの生臭みやクセを取り、酒の風味を移すのが目的である。

さかしお（酒塩）　調味用の酒のこと。酒そのもの、あるいは塩を加えて保存性を高めたり味をととのえたりしたものをいう。焼物にぬって焼いたり、素材を浸けて味をつけたりする際に用いる。

さかしおに（酒塩煮）　ほぼ塩のみで味つけした酒で煮た料理。

さかしおはっぽう（酒塩八方）　↓さけはっぽう

さかに（酒煮）　たっぷりの酒で煮る料理。↓まるじたて

さかむし（酒蒸し）　材料に酒をたっぷりふりかけて蒸すこと。材料の生臭みが抑えられ、風味がよくなる。

さかやき（酒焼き）　魚介類や肉類などの材料に、酒や酒塩を仕上げにかけながら焼き上げた料理。

さけはっぽう（酒八方）　だしに酒、塩で味をととえた八方だし。醤油は加えないか、加えるとしても少量で、濃い色をつけたくない料理に用いる。↓さかしおはっぽう

しゅとう（酒盗）　カツオの内臓で作る塩辛のこと。

しろざけ（白酒）　ミリン、焼酎に蒸したもち米と米麹を入れて仕込んだもろみをすりつぶしてなめらかにしたもの。ミリンもろみをすりつぶして作られるものもある。ミリンよりももっと濃くてアルコール分が少なく、白色。ひな祭りで飲まれる。

すっぽんじたて（鼈仕立て）　↓まるじたて

すっぽんに（鼈煮）　あらかじめ魚を揚げてから、酒、ミリン、醤油で煮つめたもの。スッポンをはじめとして、コイ、オコゼなどゼラチン質が多く、やや泥臭い魚に使う。

たまざけ（玉酒）　水と酒を各同量ずつ合わせたもの。用途によって、砂糖や塩を加えることもある。昔、東京の多摩川の水がおいしいとされていたところから、水をしゃれて「たま」といったことからきている。

なだあえ（灘和え）　和え衣に酒粕を用いたもの。酒粕を用いることから、銘酒の産地である「灘」の名がある。

とそ（屠蘇）　キキョウ、ボウフウ、サンショウ、ニッケイ、ビャクジュツなどの生薬を漬け込んだ薬酒で、口当たりがよいミリンが多く使われる。正月に邪気を払う縁起物として飲まれる。

にきる（煮きる）　酒やミリンを火にかけて煮立て、鍋の中に火を入れてアルコール分を飛ばすこと。

ねりかす（練り粕）　板粕を熟成、分解させ、液状にしたもの。粕漬けの漬け床に用いられる。↓いたかす

はっぽうだし（八方だし）　薄めの味に煮炊きする時に用いる、だしの分量が多い合わせだし。“四方八方に使える”ということから、この名がある。濃口醤油が多ければ濃口八方、酒が多ければ酒八方と呼ぶ。

ひれざけ（鰭酒）　フグなどのヒレを火であぶったものに、熱燗を注いだ酒。↓こつざけ

まるじたて（丸仕立て）　すっぽん仕立て、丸煮仕立てともいう。「丸」とはスッポンのことで、霜降りにしたスッポンを多めの酒と水で炊き、その煮汁をこして、淡口醤油などで味をととのえて吸い地としたもの。そこから、たっぷりの酒を使い、同様の仕立て方をした汁も指す。

わかさじ（若狭地）　酒をベースに少量の醤油を混ぜた地のこと。若狭グジに酒をかけて焼いたところから、この名がある。

わかさやき（若狭焼き）　酒焼きの一種で、焼き上がりに酒、もしくは酒と醤油を合わせた若狭地をかけて香ばしく焼き上げる。

料・理・解・説

カラーページの料理の作り方を簡単にまとめました。献立中の料理やあしらいが写真のどれにあたるか（ふり柚子や具として混ぜられているものを除く）でわかるように丸数字で示しています。

基礎編② 素材別料理集

魚介

後村　明
京料理あと村

伊勢海老具足煮《ぐそく》①

24頁参照

筍②　木の芽

タケノコを糠ゆがきして、皮をむいて掃除する。適宜の大きさに切り分け、だし、砂糖少量、淡口醤油に追いガツオをして、1時間煮る。

伊勢エビの尾を梨割り（縦半分）に切り分ける。霜降りし、酒、水、砂糖、淡口醤油で煮て具足煮にする。炊き上がりに先のタケノコを入れて5~6分間煮る。

伊勢エビとタケノコを盛り合わせ、木ノ芽を添える。

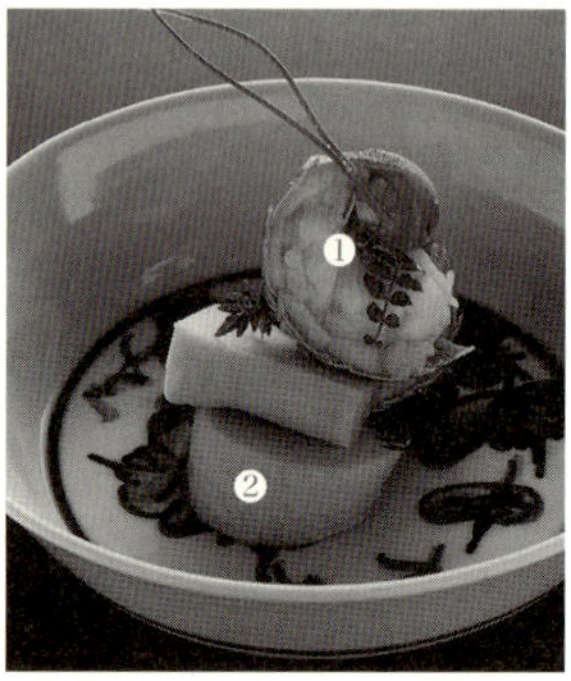

穴子春キャベツ巻き①

25頁参照

芽キャベツ②　梅肉

活けのアナゴを一枚に開き、串を打って一杯醤油で焼く。適当な長さに切り分けて、下ゆでした春キャベツで巻く。もどしたカンピョウで結ぶ。

鍋にだしを張り、淡口醤油で味をととのえ、火にかける。沸き立ったところにキャベツで巻いたアナゴを入れ、5~6分間キャベツの葉触りが残る程度に煮る。

芽キャベツを一枚ずつばらし、下ゆでする。先の煮汁に浸けて味を含ませる。梅肉をのせる。

小鮎花山椒《さんしょう》煮

25頁参照

花ザンショウを下ゆでし、軽く風干ししておく。

小アユに1尾ずつ、反った姿になるように串打ちし、軽く焼く。酒、水、砂糖、淡口醤油で炊く。あがりに花ザンショウを加える。

串を抜いて盛り付け、菖蒲の葉を飾る。

鯛親子煮①

26頁参照

蕗《ふき》②

活けのタイの頭を梨割りにし、霜降りにする。酒、水、砂糖、淡口醤油、たまり醤油少量で煮る。煮つめてあがりにミリンを加えて照りを出す。

タイの子を筒切りにし、水に放ち、血抜きする。鍋に酒1、水3の割合で合わせ、淡口醤油、砂糖、針ショウガ、爪昆布を入れる。タイの子を入れ、沸騰したらアクをよく引く。紙蓋をして30分間煮て味を含ませる。

フキを板ずりして、塩ゆでし、皮をむく。切り分けて、だしに、多めの追いガツオをして、塩、淡口醤油でさっと炊く。おか上げして、煮汁を冷まし、煮汁に戻して地浸けする。

すっぽん親子煮

26頁参照

スッポンを4つほどきにする。熱湯に水を差して温度を下げ、スッポンを入れて薄皮をむく。酒、水、砂糖、濃口醤油で煮る。スッポンの子も掃除して加え、10分間煮る（アラ炊きほどは煮つめない）。

スッポンの身を器に盛り、子を大王松の松葉に刺して添える。

鱧《はも》矢車煮

27頁参照

ハモを一枚開きにし、骨切りする。20㎝くらいの長さに切る。九条ネギの白い部分2、3本を束ねて、ハモで巻く。竹串で止めて、油で揚げる

串を抜いて酒、水、淡口醤油、砂糖で炊く。3つに切り分けて器に盛る。

鯔《ぼら》子源平煮①
浜防風②

27頁参照

カラスミに使えないボラの真子の割れたものを利用する。水にとって血抜きする。水に浸けて柔らかくもどした折昆布と白板昆布で、それぞれ巻いて2色にする。蒸し器で15分間蒸す。冷めたら鍋に形を崩さないように鍋に移し、酒、水、砂糖、淡口醤油、銅板を入れ、折れ昆布が柔らかくなるまで1時間煮る。

ハマボウフウをゆでて色だしし、ボラの真子を煮た地に浸ける。

鱧松《はもまつ》①
柚子②

27頁参照

ハモを一枚におろして、骨切りする。マツタケの大きさに合わせて切り分ける。マツタケの軸の部分をハモで巻き、竹串で止める。

だし、淡口醤油、酒を合わせて沸騰させる。ハモで巻いたマツタケを入れて、マツタケに火が通ったら火を止めて、ユズの搾り汁を加える。

穴子干瓢《かんぴょう》巻き

28頁参照

活けのアナゴを水洗いして、白焼きにする。カンピョウに塩をまぶして、もみ洗いする。水に浸けてもどす。アナゴを適当な長さに切り分けて、5切れずつ束ねる。カンピョウで巻き、カンピョウのひもで何箇所か結んで止める。だし、酒、砂糖、淡口醤油で5〜6時間ゆっくり煮て、味を含ませる。切り分けて盛り付ける。

鱧の子玉子吹寄せ

うすい豆

28頁参照

ハモの子をゆでて、ザルごしし、水を10回取り替えて掃除する。裏ごしに上げて水をきる。だし、酒、砂糖、淡口醤油で30分～1時間煮て、味を含ませる。

ウスイ豆をさやから出して、重曹を加えた湯で塩ゆでする。水にとったのち、濃いめの吸い地で煮る。

全卵をときほぐし、ハモの子を加える。弱火にかけて煎り玉状態にし、ウスイ豆を加える。

茂魚《あこう》おろし煮①

木の芽②

29頁参照

アコウを水洗いし、三枚におろす。切り身にして、片栗粉を打ち、油で揚げる。だし、淡口醤油を合わせ、水きりしたダイコンおろしを加える。火にかけてアクを除く。揚げたアコウを入れて、味を含ませる。

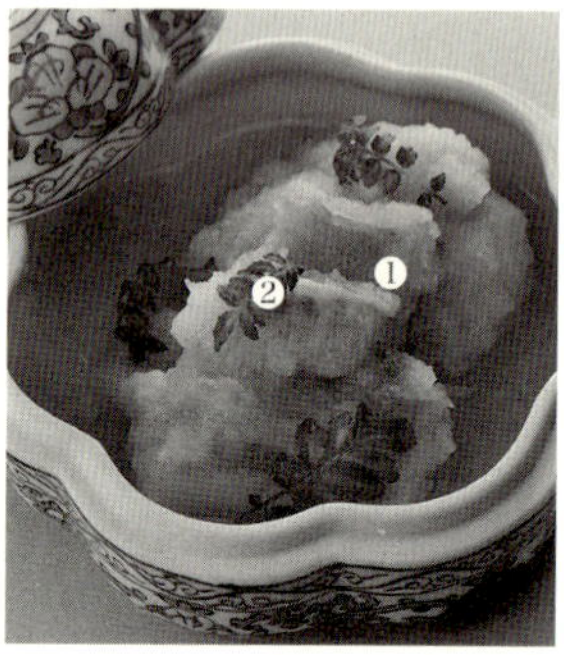

魚介

橋本 亨
割烹とよだ

穴子昆布巻き

干瓢《かんぴょう》

30頁参照

中サイズのアナゴ（150g程度）を裂いて串打ちし、白焼きにする。水でもどした昆布で巻き包み、カンピョウのひもで結ぶ。鍋に敷きザルを敷き、穴子昆布巻きを入れ、水と酒を張り、軽い落とし蓋をして煮る。途中で赤酒、砂糖、濃口醤油を加え、煮つめる。仕上げに水飴を加え、艶がついたら火を止める。

蛤時雨煮《はまぐりしぐれに》①

木の芽②

30頁参照

ハマグリの殻を開いて身をはずし、水気を取る。酒、赤酒、濃口醤油、ショウガのみじん切りを加えて、煮る。

鰯紅梅煮《いわしこうばいに》①

梅肉②

31頁参照

イワシを手開きにし、立て塩に漬ける。鍋に敷きザルを敷き、イワシを並べ、酒、水を張る。ネギの青い部分を焼いたもの、梅干し、酢少量を加えて煮る。骨が柔らかくなったら引き上げる。

今度は敷きザルを敷かずに鍋にイワシを入れ、水、赤酒、醤油、砂糖の新しい地を張る。ショウガの薄切り、多めの梅干しを加えて煮つめる。あがりにたまり醤油を加えて色よく仕上げる。

一緒に煮た梅干しの果肉とともに盛りつける。

才巻芝煮《さいまきしばに》

生姜

31頁参照

車エビの背ワタをとって、つの字の形に串打ちする。だし、酒、塩、ミリンを鍋に張り、ショウガの薄切りを加え、火にかける。沸かしたところに車エビを入れ、強火でさっと火を入れる。

秋刀魚万年煮《さんままんねんに》①

32頁参照

木の芽②

サンマを筒切りにして、内臓を抜く（好みで内臓をつけたままでもよい）。半日から一晩立て塩に浸け、ザルにとり、水気を切る（こうすると銀皮がむけない）。鍋に敷きザルを敷き、サンマを並べ、酒、水を張る。ネギの青い部分を焼いたもの、梅干し、酢少量を加えて、煮る。

骨が柔らかくなったら引き上げる。

敷きザルを敷かずに鍋に入れ、水、赤酒、醤油、砂糖の新しい地を張る。ショウガの薄切り、梅干しを加えてしっかり煮つめる。

蝦蛄《しゃこ》大根巻き

32頁参照

干瓢

ダイコンを厚めのかつらむきにし、立て塩に浸ける。ゆでたシャコを腹合わせで2尾ずつこのダイコンで巻き、カンピョウのひもで結ぶ。だし、酒、ミリン、濃口醤油で軽く煮含ませる。シャコに火が通りすぎないように気をつける。

牡蠣胡椒煮《かきこしょうに》

33頁参照

カキの殻を開いて身をはずし、ダイコンおろしでもみ洗いする。湯に落として霜降りにし、水にとって汚れを洗い落とす。鍋にカキを並べて、酒塩（酒、塩、水）を張り、叩きつぶした黒コショウを入れる。火が中心まで通ったらすぐに引き上げる。

穴子の山椒煮①

33頁参照

木の芽②

アナゴを裂いて、抜き板に並べて熱湯をかけ、霜降りする。皮目のぬめりを取って、鍋に並べる。だし、酒、赤酒を張り、蓋をして吹きこぼれない程度で約10分間煮る。蓋を取り、濃口醤油、砂糖、サンショウの実を加えて、約10分間煮つめる。

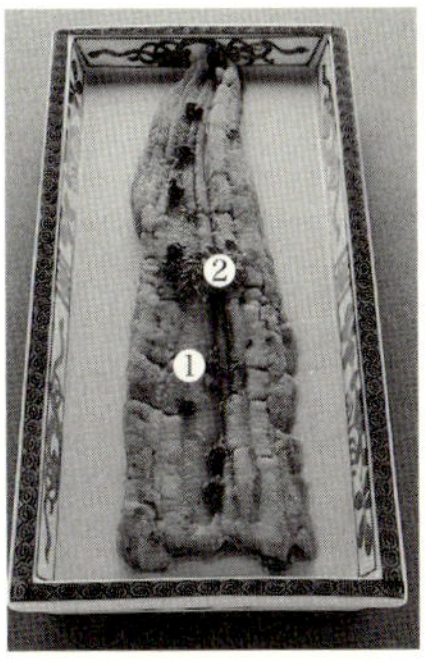

魚介

結野安雄
和光菴

鮑大船煮《だいせんに》①

34頁参照

つぼみ菜②

アワビの表面の汚れを水洗いし、霜降りにする。水でもどした大豆とともに、鍋に入れて、だし、酒で煮る。途中で砂糖、塩、淡口醤油で味をととのえる。鍋で2時間煮たのち、煮汁に浸けた状態で蒸し器に入れ、蒸し煮の状態で2時間、計4時間煮る。

大豆と、色出ししたツボミ菜（福岡産の野菜で、カラシ菜の新芽）を添える。

飯蛸《いいだこ》旨煮《うまに》①

蕗② 木の芽③

35頁参照

イイダコを胴と足の部分に分けて、水洗いする。だし8、酒4、ミリン2、濃口醤油1・5、砂糖適量を合わせた地に入れて、胴の部分は飯の中までしっかり火を通す。足は火が通りすぎないように引き上げ、おか上げする。

色出しして八方地に浸けたフキ、木ノ芽を添える。

鰤《ぶり》大根①

白髪葱 針柚子②

35頁参照

ブリのアラの部分を適宜に切り分け、霜降りして掃除しておく。ダイコンを丸くむき、面取りして、ゆがいておく。アラとダイコンを鍋に入れて、水と酒をひたひたよりも少し多めに張り、火にかける。アクを取りながら、砂糖、濃口醤油、赤酒を順に加えて味をつけ、地を煮つめる。器に盛り、白髪ネギと針ユズを添える。

鯛の子旨煮①

白子② 木の芽③

36頁参照

タイの子の血管の部分を掃除し、適当な大きさに切る。切り目を入れてゆで、裏返った花が開いた状態になったら水に落とす。だし、酒、淡口醤油、ミリン、砂糖、塩を合わせた地を作り、タイの子を入れ、針ショウガを加え、煮含める。

タイの白子はさっと霜降りし、同じ地でさっと炊く。一緒に盛り合わせて、木ノ芽を添える。

蛍烏賊《ほたるいか》酒盗《しゅとう》煮《に》

36頁参照

酒盗100gを酒200ccで煮溶かし、裏ごしを通す。ミリン少量を加えて味をととのえる。この地にホタルイカを入れて、ひと煮立ちさせ、アクを除く。煮汁に浸けたまま冷ます。

穴子鳴門巻き①

千石豆② 木の芽③

37頁参照

アナゴを一枚に開いて水洗いし、ヒレを取る。ぬめりをしっかり取り、尾のほうから鳴門に巻き込み、竹皮で結ぶ。だし、酒、砂糖、塩、白醤油、ミリンで白煮にする。

色出ししたセンゴクマメ、木ノ芽を添える。

鰻《うなぎ》信田《しのだ》巻き①

絹さや②

37頁参照

ウナギを裂いて白焼きにする。しぼり豆腐、全卵、すりおろしたツクネイモ、粉ミルク、コーンスターチを合わせた生地（99頁「ひ

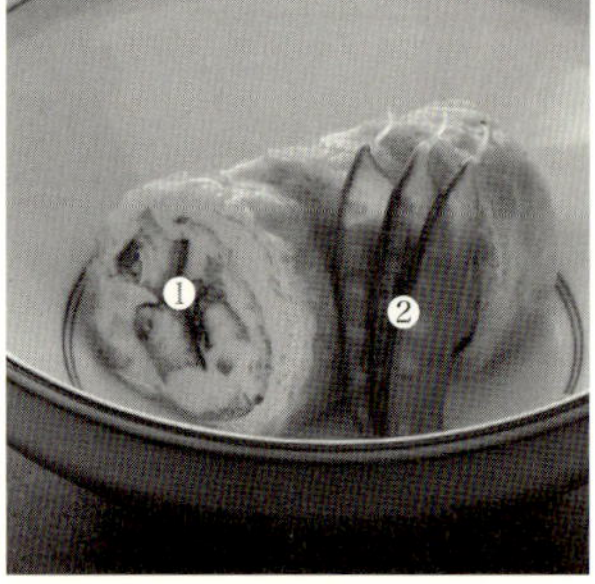

ろうす」参照)を作る。薄揚げを開いて、内側に片栗粉を打ち粉して、生地をのばし、ウナギを芯にしてラップ紙で巻く。スチームコンベクションオーブンで85℃25分蒸したのち、だし、酒、淡口醤油、みりん、砂糖で煮る。

　色出ししたキヌサヤを添える。

野菜

後村 明
京料理あと村

かぶら吹寄せ煮①

車海老②　軸菜③　木耳④

38頁参照

　近江カブのような中サイズのカブを用意する。六方にむいて、中央を浅くくりぬく。昆布だしでゆでる。ゆで汁を半量捨てて、だしを加えて、追いガツオする。塩、淡口醤油で味をつけ、煮含める。

　車エビにのし串を打ち、塩ゆでする。殻をむき、半分に切り分ける。カブを煮た地に浸ける。キクラゲを水でもどし、色紙に切り分ける。カブの煮汁で煮含める。ホウレンソウの軸をゆでて、包丁し、カブの煮汁に浸ける。これらの具を、先のカブの上に盛りつける。

五色百合根

38頁参照

　大葉ユリ根をかいて丸く包丁し、5～6分間蒸す。片栗粉を打って、ヒラメから作ったすり身をぬる。ヒラメのすり身にウスイエンドウの裏ごしを混ぜてぬると青、ゆで玉子の黄身の裏ごしを混ぜてぬると黄色、イカスミを混ぜてぬると黒になる。赤はエビのすり身をぬる。

　これら白、青、黄、黒、赤の五色のユリ根を淡口醤油で味をととのえただしで10分くらい煮る(煮すぎると割れてしまうが、火がきちんと通っていないとあくが回って黒ずんでくるので注意する)。

　仕上げに葛を引く。

筍海老射込み

39頁参照

　タケノコを糠ゆがきして、一晩ゆで汁に浸けて冷ます。皮をむき、掃除して、縦半分に切り分ける。だしに追いガツオし、塩、濃口醤油を加えた地で煮て、味を含ませる。おか上げする。

　エビのすり身を昆布だしでのばし、浮き粉と塩を加えてしんじょう地を作る。先のタケノコの透き間に片栗粉を打ち、しんじょう地を詰める。蒸し器で蒸し固めたのち、先のタケノコを煮た煮汁に戻し、5分間ほど軽く煮る。

紫陽花饅頭《あじさいまんじゅう》

花穂紫蘇

39頁参照

　ウナギを蒲焼にし、角切りにする。全卵をときほぐし、鍋に入れて、淡口醤油で味をつける。弱火で煎り玉子にする。

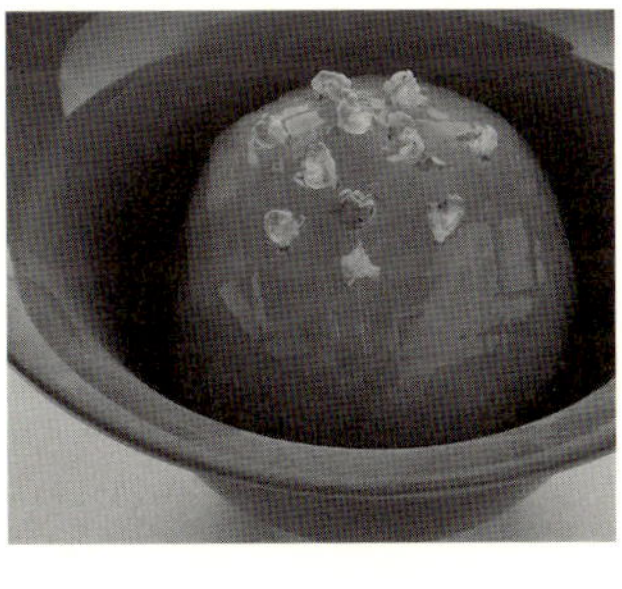

　トウガンを10㎝くらいの大きさの角切りにする。皮目に鹿の子に包丁を入れ、ゆでる。だし、塩、淡口醤油で2～3分間煮る。
　トウガンを皮側を下にしてさらしの上にのせ、果肉を広げ、煎り玉子をのせる。ウナギをのせ、煎り玉子をのせておおい、茶巾に絞る。蒸し器で10分間ほど蒸して固める。

器に盛り、だしに淡口醤油を加え、葛引きしたあんをかけ、絞りショウガを落とす。穂ジソの花を散らし、アジサイの花に見立てる。

茄子海老そぼろあんかけ①

胡瓜②

40頁参照

鴨ナスの天地を切り落とし、皮をむく。横半分に切り分け、油を引いたフライパンで両面を焼く。だしを注ぎ入れて煮て、淡口醤油で味をつける。

車エビをミンチにして、酒、砂糖、淡口醤油で煎り煮にして、そぼろにする。

器に鴨ナスをのせ、上にエビそぼろをのせる。吸い地に葛を引いた銀あんをかける。キュウリをあられに切り、さっとゆでて色だし、上に散らす。

山葵《わさび》万年煮①

山桃②

40頁参照

ワサビをたわしでよく掃除する。全体に針打ちする。トウガラシを加えた湯でゆでこぼす。10回湯を取替え、辛さを抜く。だし、淡口醤油で2時間煮て味を含ませる。

ヤマモモを酒、水、砂糖、少量の塩で10分間煮て蜜煮にする。さっとゆでて色出しし、吸い地に浸けたワサビの葉とともに添える。

新蓮根吉野煮①

万願寺唐辛子②

40頁参照

新レンコンの皮をむき、酢水でゆでたのち、だし、淡口醤油で煮る。種を抜いた赤と青の万願寺トウガラシをレンコンの穴に射込む。先の地でさっと煮て、器に盛る。煮汁に葛を引いてあんとし、レンコンの上にかける。

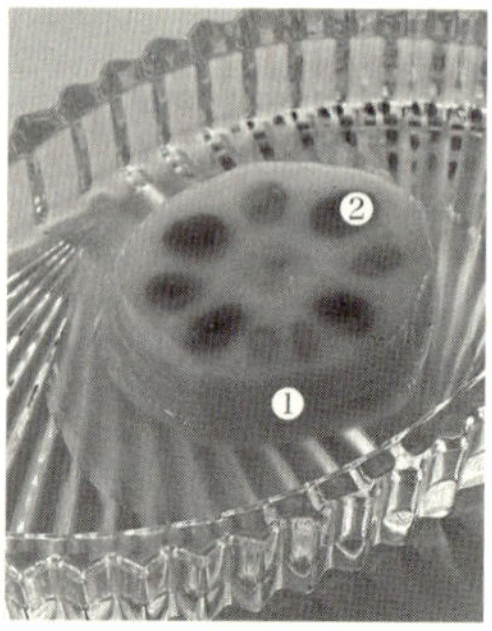

独活《うど》白煮《はくに》唐墨《からすみ》まぶし

41頁参照

ウドを二度むきして、円柱にする。酢水で、芯が残る程度にゆでる（ゆで方が足りないとアクが回るので気をつける）。だし、塩、淡口醤油で柔らかくなりすぎないようにさっと煮て、そのまま地浸けして味を含ませる。

カラスミを火どって、フード・プロセッサーにかけて粉にする。ウドの白煮を転がしてまぶす。

野菜

橋本 亨

割烹とよだ

枝豆あずま煮

42頁参照

すり鉢に塩と少量の水を入れ、エダマメを入れてかき混ぜ、うぶ毛を取る。さやつきのまま、固めの塩ゆでにする。鍋に赤酒、濃口醤油、砂糖、酒少量を合わせて沸かし、ゆでたエダマメを入れて甘辛く煮上げる。

茄子翡翠煮《なすひすいに》①
くこの実②

42頁参照

ナスの皮目に包丁目を入れて揚げる、氷水に落とし、皮をむく。だし、ミリン、塩、淡口醤油少量で八方地程度の濃さの地を作り、ナスを入れてひと煮立ちさせる。ナスを引き上げて、煮汁が冷めたら浸け直して味を含ませる。クコの実を飾る。

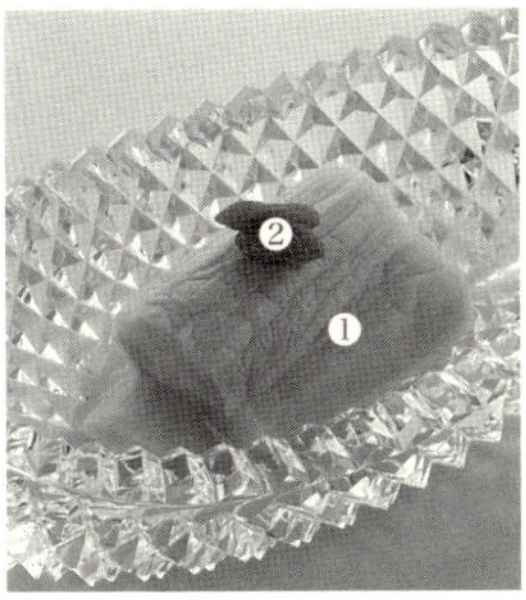

年輪大根①
胡椒②

43頁参照

ダイコンを厚めの桂むきにし、立て塩に浸ける。油抜きをした油揚げを縦長に開き、ダイコンの上に重ねて巻く。カンピョウで結び、だし、酒、ミリン少量、塩でゆっくりと含ませ煮にする。盛り付けて、天に粗くくだいたコショウをのせる。

隠元《いんげん》の梅煮

43頁参照

インゲン豆を適宜な長さに切って、さっと固めに塩ゆでし、水きりする。酒、濃口醤油、赤酒少量、梅干しを加えた地で煎るように煮る。梅干しの果肉をのせて盛りつける。

ホワイトアスパラバター煮①
蕗②　花山椒③　赤胡椒④

44頁参照

ホワイトアスパラガスの皮をむき、塩ゆでする。フキを塩で板ずりして、ゆでて皮をむき、包丁しておく。

鍋にバターを煮溶かし、ミリン、塩、生クリームを加える。ここにゆでたての熱いアスパラガスとフキを入れてからませるようにさっと煮る。

花サンショウをゆでて、濃口醤油でさっと煮る。赤粒コショウを飾る。

小松菜煮びたし
なめこ　榎茸　だったん蕎麦の実

44頁参照

生のナメコ、エノキダケを薄い酒塩で煮て味をつける。コマツ菜を塩ゆでする。

鍋にだし、塩、濃口醤油、みりん少量を沸かし、キノコ類とコマツ菜を入れて、混ざったら鍋ごと急冷する。器に盛りつけ、煎ったダッタンソバの実をふる。

蕗《ふき》のほど煮①
けしの実②

45頁参照

フキをゆでて、酒、赤酒、濃口醤油で煮る。きゃらぶきほど煮つめず、当座煮程度で引き上げる。ケシの実をふる。

小芋オランダ煮①
柚子②

45頁参照

石川小イモの皮をむいて下ゆでし、だし、濃口醤油、ミリンで下味をつける。片栗粉を打って、白絞油で揚げる。先の煮汁に戻し、砂糖、濃口醤油で味をととのえ、煮つめる。
青ユズのせん切りをのせる。

野菜

結野安雄
和光菴

若牛蒡《ごぼう》炒め煮

46頁参照

若ゴボウの葉を取り、茎を斜めに笹打ちする。根の部分は笹がきにする。多めのオリーブ油を敷いたら鍋に根、茎の順に炒める。八方地に入れて味を含ませる。

独活《うど》の香梅《こうばい》煮

46頁参照

ウドを丸むきし、水にさらす。米のとぎ汁でゆで、水にさらす。だし、酒、塩、ミリン、梅酢を合わせ、追いガツオした地で煮る。

くわい含め煮三種

47頁参照

クワイを六方、ねじ梅、松かさの三種の形にむいて、米のとぎ汁でゆでる。水にさらし、だし、酒、砂糖、塩、ミリン、淡口醤油で味をつける。追いガツオ、差し昆布をして煮る。

丸大根含め煮①
柚子②

47頁参照

丸ダイコンを切り分けて面取りする。米のとぎ汁でゆでる。だしと鶏ガラスープ同割で合わせ、酒、塩、ミリン、淡口醤油で味をつける。追いガツオし、差し昆布してダイコンを煮含ませる。針ユズを添える。

海老芋白煮《はくに》①
青梗菜《ちんげんさい》②　柚子

48頁参照

海老イモを六方にむき、米のとぎ汁でゆがいて、水にさらす。だし、酒、塩、砂糖、淡口醤油、ミリンに、追いガツオ、差し昆布して煮含める。ゆがいて八方地に漬けたチンゲンサイを添え、ふりユズする。

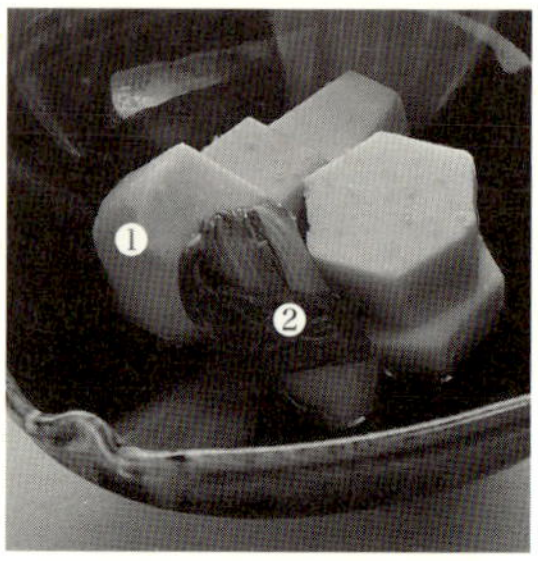

海老芋田舎煮

48頁参照

海老イモを姿のまま六方にむき、水にさらす。だし、酒、砂糖、淡口醤油、ミリンで直炊きする。煮汁がなくなるまでつめ上げる。

若竹煮①

蕗② 木の芽③

49頁参照

タケノコを米糠、タカノツメを加えた湯で1時間ほどゆでる。皮をむいて掃除し、適当な大きさに切り分ける。だし、酒、塩、淡口醤油、ミリン、追いガツオ、差し昆布した地で煮る。この煮汁でワカメも煮て、添える。

フキを塩ずりして、ゆがき、皮をむく。八方地で炊いておか上げし、冷めたら八方地に浸け直して味を含ませる。木ノ芽を添える。

筍佃煮①

実山椒②

49頁参照

タケノコを適当な大きさに切り分け、水にさらす。陰干しして半日ほどおく。水、酒、砂糖、濃口醤油、たまり醤油を合わせて地を作る。タケノコを鍋に入れて、ひたひたまで地を入れて、煮詰める。上がりに実ザンショウの有馬煮を入れる。引き上げて、粉ガツオをまぶし、風をあてて乾かす。

蓮根小倉煮

50頁参照

レンコンの皮をむき、流水に2時間ほどさらす。アズキを湿らせて片栗粉をまぶし、レンコンの穴の中に半分ほど入れ、ガーゼで包む。だし13、ミリン1・2、淡口醤油1の地を沸かしてレンコンの包みを入れ、落とし蓋をして1・5時間煮る。途中で砂糖を加える。地に浸けたまま冷まして味を含ませる。断面を見せるようにして切り分ける。

蓮根オランダ煮

50頁参照

レンコンの皮をむき、流水にさらす。水気をよくとったのち、油で揚げる。だし9、酒1、ミリン1、濃口醤油1、砂糖0・5の割合で合わせた地で煮る。

長芋松皮煮①

蕗② 木の芽③

50頁参照

ナガイモを円柱にむき、バーナーであぶって焼き目をつける。海老イモの白煮と同じ地（96頁参照）で炊く。フキ（92頁参照）と木ノ芽を添える。

うすい豆含め煮

51頁参照

ウスイ豆に炭酸塩（重曹1に塩4を合わせたもの）をまぶして、10分間ほどおく。湯に3％の塩を入れ、ウスイ豆を入れて、落とし蓋をして2分間ほど火にかける。火を止めて密閉し、10～15分間おいて火を通す。弱い流水にさらす。八方地に浸けて味を含ませる。

トマト蜜煮

ミント

51頁参照

煮きってアルコールをとばしたミリンに同割の水を加えて蜜を作る。この蜜で湯むきしたフルーツトマトをさっと煮る。

豆腐・乾物など加工品

後村　明
京料理あと村

鱧《はも》豆腐①
おくら②
52頁参照

ハモを水洗いして、骨切りし、串打ちする。タレ（酒にこんがり焼いたハモの骨を入れ、砂糖、濃口醤油を加え、弱火で5時間煮る）をぬって照り焼きにする。

豆腐をゆでて水きりし、フードプロセッサーにかける。卵白を加え、塩、淡口醤油で下味をつけ、流し缶に流す。ハモの照り焼きの皮側に片栗粉を打って、のせる。蒸し器で蒸し固める。適当な大きさに切り分けて、だし、砂糖、淡口醤油で30分間煮て、豆腐にハモの味を移す。

オクラをゆでて吸い地に浸けたものを添える。

湯葉饅頭《ゆばまんじゅう》①
葱②
52頁参照

ユリ根をさばいて、掃除する、蒸し器で蒸したのち、裏ごしにかける。キクラゲを水でもどしてせん切りにし、ユリ根の生地に混ぜ、ピンポン玉くらいの丸にまとめる。生ユバ1枚半分で包み、水で練った小麦粉で止める。鍋の縁にあてて転がしながらキツネ色になるまで中火で揚げる。湯をかけて油抜きしたのち、だし、砂糖、淡口醤油で弱火で風呂くらいの温度を保ちゆっくりと2～3時間煮る。器に盛り、煮汁に葛をひいたあんをかける。ショウガを搾り、ネギのせん切りを天盛りする。

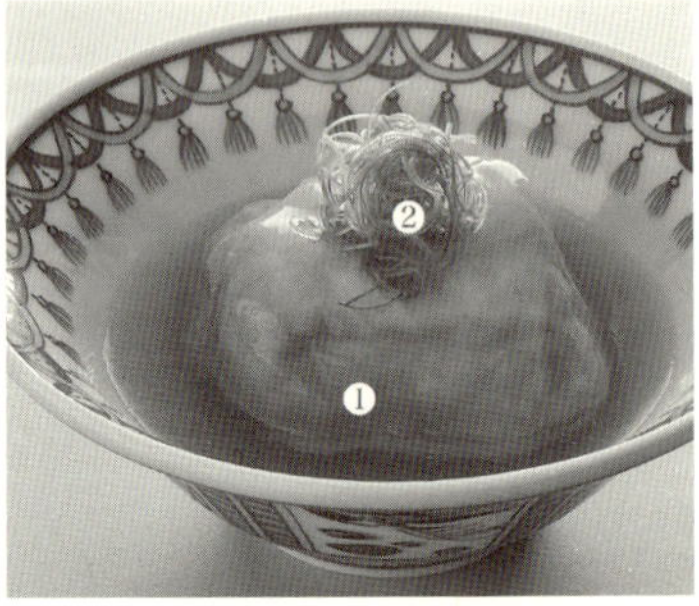

このこ大根①
軸三つ葉②
53頁参照

ダイコンを厚めに皮をむき、3㎜くらいの輪切りにする。塩を加えた昆布だしに1時間浸ける。串に刺して半日干す。

コノコを軽く火どって、水、先の昆布だし、淡口醤油少量を合わせた地の中で1時間煮てコノコのだしを出す。ダイコンを入れて歯ごたえがなくならないよう気をつけながら、10分間煮る。

器に盛り、色出しした軸三ツ葉を飾る。

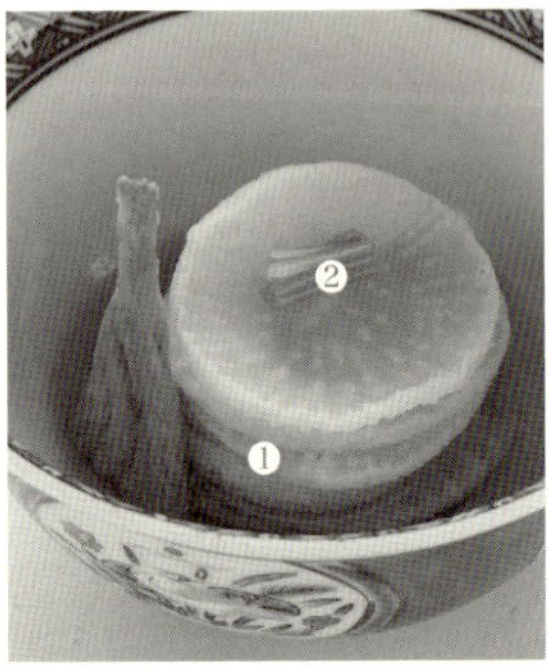

海老芋棒だら①
柚子②
53頁参照

棒ダラを寒の水に浸け、冷蔵庫に入れ、毎日取り替えながら一週間かけてもどす。適宜な大きさに包丁して、水、酒、砂糖（三温糖）、淡口醤油で、1日かけてゆっくりと、アクを引きながら骨まで柔らかく煮る。

海老イモを六方にむいたのち、船型に形を整える。サメやカワハ

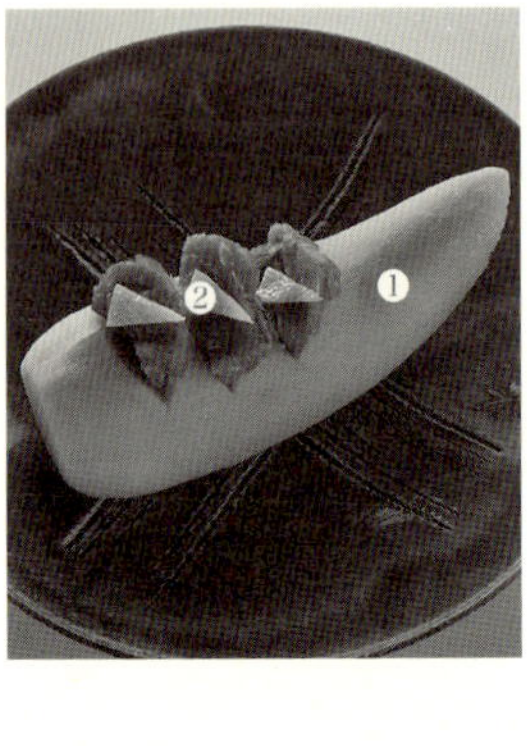

ギの皮を干して作った手製のやすりで表面を削ってなめらかにする。V字型の刻みを入れる。糠ゆがきして、水洗いする。棒ダラを炊いた地に入れ、弱火で1時間煮てゆっくりと味を含ませる。

豆腐・乾物など加工品

橋本 亨
割烹とよだ

煎り豆腐

54頁参照

木耳　人参　筍　グリーンピース

豆腐を湯の中でもんで崩し、ザルに上げて水気をきる。キクラゲ、ニンジン、ゆでたタケノコをせん切りにして、ゴマ油で炒める。豆腐を入れ、だし、ミリン、砂糖、酒、濃口醤油を加え、煎り玉子を作る要領で煮汁をとばしながら煎り煮にする。煮汁が少し残ったところでときほぐした全卵を加えて、柔らかくまとめる。器に盛り、ゆがいたグリーンピースを飾る。

白滝と姫皮の真砂煮《まさご》①

54頁参照

干し青菜②

シラタキをほどいて適当な長さに包丁し、水洗いする。水きりする。塩タラコの皮をむいてほぐしておく。タケノコをゆでて、姫皮をはずし、きざんでおく。

シラタキを酒、ミリン少量、塩で酒煎りし、下味程度の味をつける。姫皮を入れる。火を止めてタラコを加えてからめる。

コマツ菜を塩漬けにして、乾燥させたものをくだいてふる。

茶豆腐①

55頁参照

海老②　小芋③　絹さや④　芥子⑤

豆腐一丁を縦半分に切り、ガーゼを引いた巻き簀の上にのせて、棒状に巻き整える。番茶を沸かし、巻き簀ごと入れて煮る。冷めるまで浸けておく。巻き簀をはずし、だし、濃口醤油、赤酒の地で煮て味を含ませる。

石川小イモは皮をむいて下ゆでし、だし、濃口醤油、ミリン、塩で煮る。

すき昆布

55頁参照

榎茸《えのきたけ》　油揚

すき昆布（細切りにして、紙すきのようにすのこで乾燥させた昆布）を、ぬるま湯でもどし、ザルに揚げる。エノキダケを半分くらいの長さに切り分け、油揚げを5㎜くらいのせん切りにする。だし、酒、ミリン、濃口醤油、塩を合わせた地に、昆布、エノキダケ、油揚げを入れて煮詰める。上がりに、香りづけのゴマ油を少量加える。

豆腐・乾物など加工品

結野安雄
和光菴

ひろうす①

56頁参照

青梗菜《ちんげんさい》②

布に包んで水気を絞った絞り豆腐5丁分に、全卵1個、ツクネイ

モのおろしたもの200g、粉ミルク25g、コーンスターチ6gを混ぜ合わせて生地を作る。

生シイタケを6つに切り分ける。ギンナンを半割にして、酒煎りする。ユリ根もさばいて半分に切り、下ゆでする。ゴボウ50g、ニンジン50g、キクラゲ40gを下ゆでし、だし、酒、淡口醤油、ミリンで煮て下味をつける。細かくきざんで先の生地に混ぜ合わせる。シイタケ、ギンナン、ユリ根も加える。形にとって、油で揚げる。湯をかけて油抜きし、だし、酒、塩、ミリン、淡口醤油で煮て味つけする。

色よくゆでたチンゲンサイを八方地に浸けたものを添える。

栗麩《あわふ》照煮

粉山椒

57頁参照

栗麩を油で揚げて、湯をかけて油抜きする、酒3、ミリン2、濃口醤油0・5、たまり醤油0・5をあわせたタレでからませながら煮つめる。タレから引き上げて、粉ザンショウをかけて仕上げる。

自家製厚揚含め煮①

白髪葱②

57頁参照

絹ごし豆腐を水きりし、軽く絞り、200℃の油で揚げる。湯をかけて油抜きする。だし、酒、塩、淡口醤油、ミリンの地に、タカノツメを加えて煮る。白髪ネギを添える。

紫花豆蜜煮

58頁参照

乾燥の紫ハナマメ500gに対して、たっぷりの水と重曹12g、塩16gを入れて、一晩浸ける。浸け地ごとスチームコンベクションオーブンに入れて、90℃で2時間加熱して柔らかくもどす。水にさらして、重曹臭さを抜く。

水1・8リットルに砂糖600gを加え、1割煮つめ、濃口醤油20ccを加える。この蜜に紫ハナマメを入れて、スチームコンベクションオーブンで、90℃で1時間半加熱して味を含ませる。

昆布と大豆の佃《つくだ》煮

58頁参照

昆布とどんこシイタケと大豆を鍋に入れて水を張り、3時間アクを取りながら煮てもどす。ザラメ、上白糖、丸大豆醤油、たまり醤油を加え、2時間ことことと煮る。酒を加えてさらに1時間ことことと煮る。有馬ザンショウの水煮を加えて味をととのえ、2時間かけて煮て、つめ上げる。

鰊《にしん》昆布巻き①

菜の花②

59頁参照

ニシンは米のとぎ汁でもどし、骨を抜く。大きさを揃えて水でも

どした早煮昆布でニシンの身を巻く。薄板でさらに巻き、竹皮で結ぶ。鍋に入れ、水と酒を張り、3時間煮てもどす。黒砂糖、上白糖と濃口醤油を加え、さらに3時間煮る。

菜ノ花は色よくゆでて水にさらし、八方地に浸ける。

湯葉旨煮①
つぼみ菜②　柚子

59頁参照

引き上げユバを巻き簀の上に広げて巻き、竹皮で結ぶ。バーナーであぶって焼き目をつける。だし、酒、塩、淡口醤油、ミリンで煮て味をつける。

ツボミ菜をゆがいて、八方地に浸けたものを添える。ふりユズをする。

肉

後村　明
京料理あと村

牛肉山葵菜《わさびな》巻き

60頁参照

牛のザブトン（肩ロースの下部）の部分を5㎜くらいの厚さに切り分ける。ワサビ菜をさっとゆで、冷水にとって、水気を絞る。先の牛肉で巻き、竹串で止める。水、白ワイン、濃口醤油でレア程度に煮る。おか上げして、冷めてから煮汁に浸け直し、味を含ませる。

豚角煮①
葱②　芥子③

61頁参照

豚の三枚肉（皮つきのもの）を塊のまま、2〜3時間、串を刺して血が出なくなるまでゆでる。水にとって、一晩冷蔵庫でねかす。10㎝角の角切りにし、水、酒、砂糖、淡口醤油、ショウガで、7〜8時間柔らかくなるまでゆっくり煮る。針に切った九条ネギとときガラシを天盛りする。

鴨ロース九条葱射込み

61頁参照

鴨の胸肉に柳刃包丁で穴を開ける。九条ネギの白い部分を射込む。酒、濃口醤油、ミリンを同割で合わせた地を土鍋（「紅鉢」とよばれる友禅染めの染料を入れる陶製の厚手の器があればなおよい）に張り（前回煮た煮汁があれば加えるとよい）、鴨肉を入れて蒸し器で蒸す。10分蒸したら裏返し、さらに10分蒸す。中央を押して弾力を確かめ、レアの状態に仕上げる。沸騰させた地から鴨肉を引き上げ、アクをひく。冷めたら鴨肉を戻し、一晩浸ける。断面を見せるようにして切り分ける。

肉

橋本　亨
割烹とよだ

豚三枚肉べっこう煮①
牛蒡②　軸菜③　生姜④

62頁参照

豚の三枚肉の塊の皮目に塩をすりこんで1、2日間おく。フライパンで転がして焼き目をつける。水、酒、野菜くず（タマネギ、ニンジン、ショウガ、ニンニク）とともに煮る。柔らかくなったらアクを引き、煮汁をこす。煮汁に合わせ味噌（信州味噌2、江戸甘味噌8）を溶き入れる。ここに三枚肉を戻し、さっと糠ゆがきしたゴボウも加え、含ませ煮にする。

ゆがいたホウレン草の軸と、針ショウガを添える。

鶉《うずら》大根①

パプリカ②　菠薐草《ほうれんそう》③　胡椒④

62頁参照

ウズラのミンチに芝エビのすり身を少量混ぜ、びしゃ玉（半熟に練った卵）、玉子の素（卵と油をかき立ててマヨネーズ状にしたもの）を加える。すり鉢ですり混ぜ、団子にする。だし、酒、塩、濃口醤油、ミリンを合わせた地に落として火を入れる。

ダイコンを半月に切り、下ゆでする。ウズラを煮た煮汁を同量のだしで割り、ダイコンを煮る。パプリカ（赤、オレンジ）を下ゆでして、薄皮をむく。ホウレン草をゆでて、吸い地に浸ける。

牛肉と牛蒡の時雨《しぐれ》煮①

おかひじき②　胡麻

63頁参照

ゴボウを10～15cmに包丁して、糠ゆがきする。薄めの八方地で含ませ煮にする。牛ロース肉の薄切りで巻き、竹皮で結ぶ。フライパンに薄く油をひき、転がしながら表面に焼き目をつける。赤酒、濃口醤油、酒、だし少量、搾りショウガを加え、転がしながら煮る。

オカヒジキをゆでて色出しする。吸い地よりやや醤油を勝たせた地にときガラシを加え、オカヒジキを地浸けする。ゴマをまぶす。

牛舌味噌煮①

焼き葱②　赤胡椒③

63頁参照

牛タンの皮をむいて、水、野菜くず（タマネギ、ニンジン、ショウガ、ニンニク）とともに柔らかくなるまで煮る。引き上げて一人前ずつに切り分ける。

鍋に新たに水、酒、野菜くずを入れて、牛タンを入れて煮る。牛タンを引き上げ、煮汁をこして、白味噌を溶く。牛タンを戻し、とろりとするまで煮つめる。

焼きネギを添え、赤粒コショウを飾る。

肉

結野安雄
和光菴

合鴨つみれ①

クレソン②　茗荷《みょうが》　葱　木の芽

64頁参照

合鴨のミンチ500gに、全卵1個、ツクネイモのすりおろし

100g、ショウガのみじん切り25g、白味噌100g、昆布だし150ccで溶いた適量の浮き粉を加える。丸にとり、だし17、淡口醤油1、ミリン0・5を合わせた地を沸かしたところに落とす。

クレソンをゆでて、八方地に浸けたものを添える。ミョウガとネギをせん切りにして混ぜ合わせて天盛りにし、ちぎり木ノ芽を飾る。

豚角煮①

ペコロス② 青梗菜《ちんげんさい》③ 芥子④ 64頁参照

豚の三枚肉を塊のまま、フランパンで焼いて焼き目をつける。水におから、ニンジン、パセリ、タマネギを入れて、4時間煮て柔らかくもどす。塊肉を引き上げてさく取りする。

煮汁をこして、同割のだしを合わせ、砂糖、濃口醤油、たまり醤油、水飴、赤酒を加える。この地で4時間かけて煮る。豚肉を引き上げて、煮汁に葛をひいてとろみをつける。この中で豚肉を温めて盛りつける。

ペコロスはだし、酒、塩、淡口醤油、ミリン、カレー粉を加えた地で煮る。色よくゆでたチンゲンサイを添え、ときガラシを落とす。

牛肉の信田《しのだ》巻き①

蚕豆《そらまめ》② 木の芽③ 65頁参照

牛のラムシン（モモ肉の一部）を用いる。塊のまま霜降りする。水と酒に差し昆布をして、砂糖、淡口醤油で味をととのえた地を作り、塊肉を入れて2時間蒸し煮にする。塊肉をさく取りし、油抜きした薄揚げで巻き、カンピョウで結ぶ。蒸し煮の地をだしで割り、味をととのえ、再び薄揚げで巻いた牛肉を入れて2時間蒸し煮にする。

ソラマメの艶煮（12頁参照）、木ノ芽を添える。

牛舌柔らか煮①

クレソン② 芥子③ 65頁参照

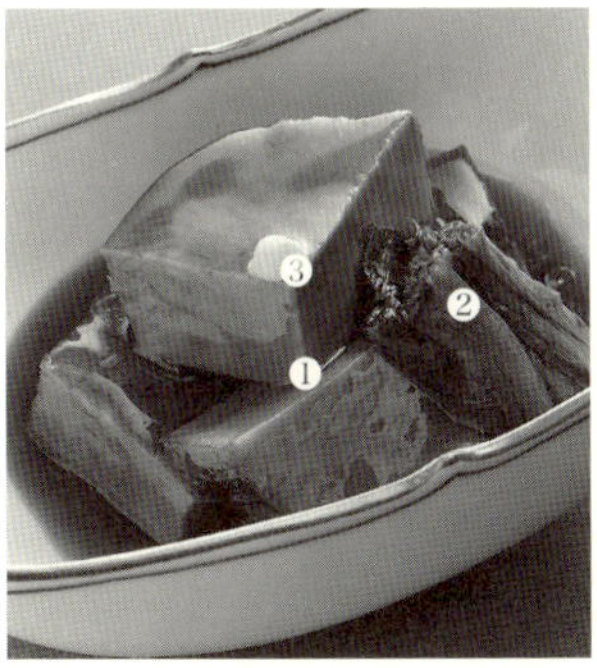

牛タンをゆでて皮をむく。水を張った鍋に入れ、おからと香味野菜とともに3時間煮て柔らかくもどす。もどした地をこし、だしを同割で合わせる。酒、砂糖、濃口醤油、たまり醤油、赤酒、水飴で3時間かけて煮る。

ゆがいて八方地に浸けたクレソンを添えて、溶きガラシを落とす。

応用編

後村　明
京料理あと村

煮物替わり

錦野菜鍋

66頁参照

筍①　人参②　独活③　菜の花④
鶉卵⑤

タケノコを糠ゆがきする。ニンジンをゆでる。ウドを酢水でゆでる。それぞれ拍子木に切り整える。菜ノ花を塩ゆでする。

鍋にだしを張り、淡口醬油を加えて吸いものよりも少し濃いめに味をととのえる。先の野菜を放射状に並べ入れ、1～2分間煮る。ウズラの玉子を中央に落とす。

苺《いちご》煮鍋

67頁参照

雲丹《うに》①　帆立②　大葉紫蘇③

ホタテ貝の貝柱を横半分にスライスし、生ウニをのせて鍋に入れる。だしに、塩、淡口醬油で吸い地よりやや濃い目に味をつけ、鍋に張る。火にかけて、生ウニが半生になるくらいに煮て、大葉ジソのせん切りを天盛りする。

冷やし炊合せ

河豚《ふぐ》皮煮こごり

68頁参照

フグの鮫皮をひき、黒皮と白皮に分ける。竹の箸に巻きつける。黒皮を巻いた竹の箸を芯にして、周囲を白皮で巻いた竹の箸で囲む。全体をアルミ箔で巻き包み、輪ゴムで止める。そのままゆで、引き上げて自然に冷ます。形を崩さないように箸を抜く（温かいと崩れやすいが、冷たく冷やすと箸が抜けなくなるので注意する）。輪切りにして流し缶に一枚ずつおく。

残ったフグの皮を、淡口醬油、ショウガ、水で煮る。この煮汁を流し缶に流し、冷やし固めて煮こごりにする。断面を見せるようにして切り分ける。

筍木の芽寄せ

68頁参照

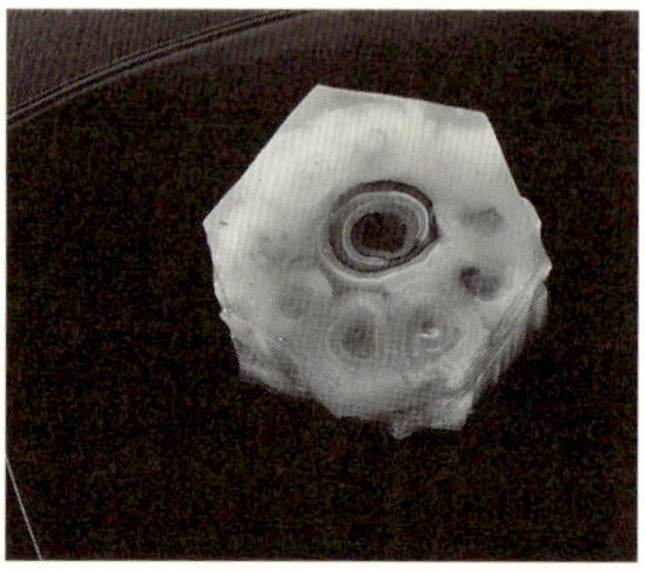

タケノコを糠ゆがきして、小さく切り分ける。だしに追いガツオして、淡口醬油で味をととのえ、タケノコを煮含める。タケノコを流し缶に敷き詰め、煮汁にゼラチンを加えて、上から流す。木ノ芽を上に敷き詰める。冷やし固めて、四角く切り分ける。

蚕豆《そらまめ》と独楽《こま》丸十《まるじゅう》艶煮

69頁参照

細めの新サツマイモを使い、皮を残してコマ型に包丁する。水に浸けてアクを抜く。クチナシを入

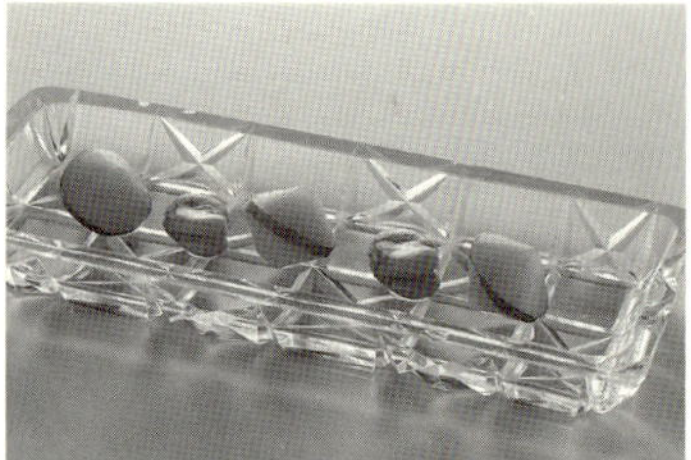

れた湯でゆでて、黄色く染める。水、砂糖で蜜煮にする。

ソラマメの皮をむき、水、塩、重曹でゆでて色出しする。水、砂糖で蜜煮にする。

冷やし野菜吹寄せ 69頁参照

人参①　冬瓜②　南京③　小芋④
茄子⑤　ふり柚子

ニンジン、トウガン、カボチャを丸抜きでくりぬく。ニンジンは下ゆでし、だし、砂糖、淡口醤油で煮含める。トウガンの皮目に重曹をすり込んで下ゆでし、色出しする。だしに追いガツオして、塩、淡口醤油で煮含める。カボチャはだし、砂糖、淡口醤油で煮含める。

小イモを糠ゆがきして、だしに追いガツオし、砂糖、塩で煮含める。

小ナスの天地を切り落とし、油で揚げる。だし、砂糖、濃口醤油で煮て、そのまま煮汁に一晩浸け、味を含ませる。

以上の野菜を乱盛りし、ふりユズする。

応用編

橋本 亨
割烹とよだ

煮物替わり

沢煮 70頁参照

人参　椎茸　牛蒡　独活　筍
背脂　三つ葉　錦糸玉子　赤胡椒

ニンジン、シイタケ、ゴボウ、ウド、タケノコをせん切りにし、さっとゆでてザルに上げる。背脂を薄く切って、塩漬けにする。水に入れて火にかけ、沸騰してから15分間煮る。だしに背脂を入れて煮て、味を移す。せん切りの野菜を入れて、さっと煮る。酒、塩、香りづけ程度の濃口醤油を加える。

大ぶりの椀に盛り、三ツ葉と錦糸玉子、赤粒コショウを飾る。

炊合せ

飯蛸柔らか煮①　筍②　蕗③ 71頁参照

木の芽④

イイダコを塩もみし、ほうじ茶でさっと霜降りする。水に落とし、汚れを取る。酒6、ミリン4を合わせて沸かしたところに、胴と足に切り分けたイイダコを入れて、火を止める。落とし蓋をして、余熱で火を通す。

タケノコを糠ゆがきし、ゆで汁につけたまま一晩おく。適宜の大きさに切り分けて、だし、砂糖、酒、塩、濃口醤油、赤酒で含ませ煮にする。

フキをまな板で塩ずりして、ゆでる。吸い地に浸けて味を含ませる。

鰊昆布巻き①　車海老②
海老芋白煮③
菜の花④ 71頁参照

みがきニシン（ソフト乾燥）を米のとぎ汁にひと晩浸ける。ほう

じ茶に入れて、霜降りよりややきつめに火を入れ、水にさらす。切り分けて昆布で巻く。水、酒で煮て、赤酒、砂糖、濃口醤油を加え、煮詰める。

酒、塩を合わせた鍋に才巻エビを入れて火にかけ、沸騰したら火を止める。

海老イモを米のとぎ汁でゆでる。だし、酒、ミリン、塩、砂糖で含ませ煮にする。

菜ノ花をゆでて、ときカラシを加えた吸い地に浸ける。

応用編

結野安雄
和光菴

炊合せ

鮑《あわび》① 海老芋② 人参③ 菊菜④

柚子

72頁参照

アワビは大船煮（91頁参照）の要領で、大豆を加えずに煮る。海老イモの白煮は96頁参照。

ニンジンはむきととのえて下ゆでし、だし、酒、砂糖、塩、ミリン、淡口醤油、追いガツオ、差し昆布して、煮る。ゆがいたキクナを添える。

鰤《ぶり》① 大根② 人参③ 菜の花④

柚子⑤

72頁参照

ブリのアラからとっただしに、酒、塩、淡口醤油、ミリンで味をつけて、丸ダイコンを入れて煮る。ブリの上身に塩をあてておき、切り身にする。先の煮汁の味をととのえて、ブリの切り身を入れて似る。

ニンジン（前の料理参照）と菜ノ花を添え、針ユズをのせる。

鰊《にしん》昆布巻き① 粟麩《あわふ》オランダ煮② 長芋白煮③ 蕗④

木の芽⑤

73頁参照

鰊昆布巻きは１００頁、フキは92頁参照。

ナガイモはだし、酒、塩、淡口醤油、ミリンに追いガツオと差し昆布した地で煮る。

粟麩は塊のまま、高温の油で揚げて、だし、酒、砂糖、濃口醤油、淡口醤油、ミリンで煮る。

蛸柔らか煮① 小芋② 若牛蒡《ごぼう》含め煮③ アスパラガス④

柚子

73頁参照

タコを塩もみして、ダイコンおろしをまぶして水洗いする。ダイコンで足の部分を叩いて、身を柔らかくする。湯に落として霜降りし、吸盤の汚れとぬめりを掃除する。だし8、酒1、濃口醤油1、砂糖0・5の割合で合わせ、タコ、ダイコンの輪切り、ショウガの薄切りを入れて、1時間半蒸し煮にする。

若ゴボウの茎はすじを取り、下ゆでして、長さを切り揃える。根は米のとぎ汁で下ゆでし、水にさらし、細く切り揃える。だし、酒、塩、ミリン、淡口醤油を合わせ、追いガツオ、差し昆布をして薄揚げを入れる。茎を入れて煮含め、おか上げする。この煮汁に根を入れてことこと炊く。煮汁が冷めたら、おか上げしておいた茎も戻し入れて、味を含める。

小イモは六方にむいて、米のとぎ汁で弱火で踊らせないようにゆでる。だし、淡口醤油、塩、追いガツオで煮る。アスパラガスはハカマをはずし、根元の固い部分の皮をむき、塩ゆでして、八方地に浸ける。

海老吉野煮① 木の葉南京《なんきん》② 長芋③ 小芋④ 蚕豆⑤ アスパラガス⑥ 赤蒟蒻《こんにゃく》⑦
木の芽⑧

74頁参照

活けの車エビを切り開いて、葛打ちし、だし8、酒1、ミリン1、淡口醤油0・8を合わせた地でさっと煮る。木の葉にむいたカボチャは、だし、砂糖、濃口醤油、淡口醤油、ミリンで煮る。赤コンニャクは、だし、酒、砂糖、濃口醤油、ミリンで煮る。

ナガイモは二つ前の料理、アスパラガスと小イモは前の料理参照。ソラマメは12頁参照。

芋蛸南京① 海老② おくら③
柚子

74頁参照

小イモとタコは二つ前の料理、カボチャは前の料理参照。

車エビはだし5、酒1、淡口醤油1、ミリン1、砂糖0・5の地で芝煮にする。ゆがいて八方地に浸けたオクラを添える。青ユズをすりおろしてふる。

素材別索引

料理担当者紹介

後村 明《あとむらあきら》

1949年青森県生まれ。東京、大阪、京都で修業し、81年京都・麩屋町に板前割烹「あと村」を開店。2004年には木屋町の旅館を改装し、本店を移転。

あと村
京都府京都市下京区 木屋町四条下る斉藤町139
075-343-3770

橋本 亨《はしもととおる》

1962年東京都生まれ。実家である同店は文久年間創業で、同氏は5代目にあたる。浅草の「草津亭」で修業し、93年「在ドイツ日本大使公邸」料理長。帰国後、95年に「割烹とよだ」の料理長に就く。

割烹とよだ
東京都中央区日本橋室町1-12-3
03-3241-1025

結野安雄《ゆいのやすお》

1969年生まれ、辻調理師学校卒業後、88年「和光菴」に入る。「神戸ベイシェラトンホテル」での修業を挟み、2001年より料理長を務める。

和光菴
大阪府大阪市天王寺区生玉寺町3-32
06-6774-8090

撮影・取材協力

株式会社中尾アルミ製作所
直営店舗　合羽橋お鍋の博物館

東京都西浅草2-21-4
03-5830-2511

髙田耕造商店
和歌山県海南市椋木97-2
073-487-1264

株式会社角谷文治郎商店
愛知県碧南市西浜町6-3
0566-41-0748

千代の園酒造株式会社
熊本県山鹿市山鹿1782
0968-43-2161

合名会社大木代吉本店
福島県西白河郡矢吹町本町9
0248-42-2161

シリーズ 日本料理の基礎

煮物とみりんの本

初版印刷 2014年8月20日
初版発行 2014年9月5日

著　者 日本料理の四季編集部編
発行者 土肥大介
発行所 株式会社 柴田書店
〒113－8477 東京都文京区湯島3-26-9 イヤサカビル
電話 営業部 03-5816-8282(注文・問合せ)
書籍編集部 03-5816-8260
URL http://www.shibatashoten.co.jp
印刷・製本 大日本印刷株式会社

ISBN978-4-388-06195-2
Printed in Japan